教育部人文社科项目“新形势下南疆四地州农村青年社会主义核心价值观教育研究”，项目编号：20XJJCZH002。

当代青年教育
与社会主义核心价值观培育研究

马晓梅◎著

北京燕山出版社

图书在版编目（CIP）数据

当代青年教育与社会主义核心价值观培育研究 / 马晓梅著 . -- 北京 : 北京燕山出版社 , 2024.2

ISBN 978-7-5402-7256-2

Ⅰ . ①当… Ⅱ . ①马… Ⅲ . ①青年—社会主义核心价值观—研究—中国 Ⅳ . ① D616 ② D432.62

中国国家版本馆 CIP 数据核字 (2024) 第 065134 号

当代青年教育与社会主义核心价值观培育研究

著者：马晓梅
责任编辑：战文婧
封面设计：张秋艳
出版发行：北京燕山出版社有限公司
社址：北京市西城区椿树街道琉璃厂西街 20 号
邮编：100052
电话：86-10-65240430（总编室）
印刷：天津和萱印刷有限公司
成品尺寸：170 mm × 240 mm
字数：186 千字
印张：10
版别：2025 年 1 月第 1 版
印次：2025 年 1 月第 1 次印刷
ISBN：978-7-5402-7256-2
定价：60.00 元

作者简介

马晓梅，出生于1982年8月6日，四川人，研究生学历，吉林大学在读博士，现为新疆医科大学讲师。主要研究方向为马克思主义基本原理、西方马克思主义。

前　言

青年是国家的未来、民族的希望。党和国家始终高度重视青年，充分肯定青年的地位与作用，注重对青年进行教育引导。党的十八大以来，以习近平同志为核心的党中央站在确保党和人民事业薪火相传的战略高度，亲切关怀青年的成长成才，尤其注重做好广大青年的教育工作。

青年是未来社会主义事业的建设者和接班人，他们是否具有坚定的社会主义信仰，是否具有“富强、民主、文明、和谐”的价值目标，是否具有“自由、平等、公正、法治”的价值取向，是否具有“爱国、敬业、诚信、友善”的价值准则，直接关系着未来社会主义事业能否顺利地发展和推进。青年正处在人生发展的关键时期，其世界观、人生观和价值观正在形成过程中，具有极大的可塑性，也因此极易受到非主流思想观念的影响，多元化的价值观念会对他们的思想意识产生冲击。因此，必须以社会主义核心价值体系为准则，在教育过程中开展以爱国主义为核心的民族精神教育、以改革创新为核心的时代精神教育、以“中华民族伟大复兴的中国梦”为核心的理想信念教育，把握正确的思想导向，发挥舆论的规范作用，营造和谐的校园文化，充分利用各种资源，为当代青年的主流价值观培养提供坚实的教育基础和有效的辅助力量。

本书立足当代青年教育，并对青年的社会主义核心价值观培育进行研究，全书分为五章。第一章为当代青年教育简述，分别阐述了学校教育、家庭教育、社会实践与终身学习、当代青年的社会责任、新媒体背景下的青年教育；第二章为社会主义核心价值观概述，包括社会主义核心价值观的概念阐释、相关理论、主要内容，并阐述了社会主义核心价值观培育的意义、思想和原则；第三章为多元文化与社会主义核心价值观培育，主要内容包括多元文化的内涵和生态表现、多元文化与社会主义核心价值观的关系、中华优秀传统文化与社会主义核心价值观培育、红色文化与社会主义核心价值观培育；第四章为当代青年社会主义核心价值观培育的方法与模式，从方法、模式、实效性的评价机制三方面对当代青年社会主义核心价值观培育进行介绍；第五章为当代青年社会主义核心价值观培育的创新发展，依次阐述了当代青年社会主义核心价值观培育的理念创新、机制创新、路径创新。

在撰写本书的过程中，作者得到了许多专家学者的帮助和指导，参考了大量学术文献，在此表示真诚的感谢！本书内容系统全面，论述条理清晰、深入浅出。限于作者水平不足，本书难免存在一些疏漏，在此，恳请同行专家和读者朋友批评指正！

马晓梅

2023年2月

目　录

第一章　当代青年教育简述

本章是对当代青年教育的简述，主要内容包括学校教育、家庭教育、社会实践与终身学习、当代青年的社会责任、新媒体背景下的青年教育。

第一节　学校教育

一、学校教育体制

在中国当前的教育体制下，青年的学校教育包含中等教育的高级阶段和高等教育。中等教育是在初等教育基础上实施的中等普通教育和专业教育，分初级和高级两个阶段，面向12—19岁青少年，其高级阶段一般从15岁开始，学历层次为高中、中专、中技、中师。

高等教育通常包括以高层次的学习与培养、教学、研究和社会服务为主要任务和活动的各类教育，包括普通高等教育和成人高等教育，面向18—30岁青年。

普通高等教育是在完成中等教育的基础上进行的专业教育，是培养高级专业人才的主要社会活动。普通高等教育在普通高等学校中实施。普通高等学校包括公办本科大学、独立学院、民办高校、职业技术学院和高等专科学校。其学历层次从高到低依次为：博士研究生、硕士研究生（包括学术型硕士和专业硕士）、第二学士学位、普通全日制本科（包括统招专升本）、普通全日制专科（包括高职）。这五大类学历教育是教育部最为正规且企事业单位最为认可的学历教育。

成人高等教育是中国高等教育的重要组成部分。高等层次岗位培训、大学后继续教育是成人高等教育的重点，学历教育是成人高等教育的重要组成部分。成人高等学历教育有自学考试、成人高考、开放大学等多种实施形式。

二、学校教育内容

（一）德育

德育是指教育者在一些社会要求下，确立目标、制定计划，对学生的心理施加影响，在潜移默化中让学生具备符合教育者期待的良好的思想品德，包括政治立场、世界观以及道德品质。德育过程一般要通过理论教学和实践活动等实现。

（二）智育

智育是以系统的科学知识和技能武装学生，并使其发展智力和特殊能力的教育，在社会文明进化和青年的全面发展中占有极其重要的地位并发挥重要作用。智育的任务主要有传授知识、培养技能、发展能力。学校里的智育培养是通过教师指导青年学生并使青年学生掌握学习方法来实现的。

（三）体育

体育是促进青年学生身心全面发展，使学生学习体育知识和技能、增强体质、培养道德品质的一种有目的、有计划、有组织的活动。体育的组织形式有体育课、早操或课间操、体育比赛等。

（四）美育

美育是帮助青年学生形成正确的审美观，培养学生感受美、鉴赏美和创造美的能力的教育活动。艺术教育在美育内容中居主要地位，艺术教育手段是美育的主要方法。艺术教育手段有音乐、美术、文学、舞蹈、电影电视和戏剧等。

三、学校教育的实现途径

学校教育目标的实现主要依靠教学工作。教学就是教师引导学生在学习目标指引下逐渐掌握教材知识的教育活动。教师、学生、教学内容、教学方法是教学过程不可缺少的四个要素。教师起主导作用；学生是学习的主体；教学内容是教师对学生施加影响的主要信息，以课程的形式体现出来；教学方法是有效传递信息、提高教学效率的保证，主要有讲授法、讨论法、自学指导法、演示法、参观法、练习法、实习法等。教学过程要进行得顺利、有效，需要教师、学生、教学内容、教学方法四要素的相互协调和配合。教师的学识、能力、责任心必须到位，学生的学习动机、学习行为必须明确，教学内容必须符合社会需要和学生发展需要，教学方法必须能促进教学内容展示和鼓励学生参与，保证教学目标的实现。四要素任何一方面出现问题，教学过程都会随之出现问题，导致学校教育目标难以实现。

四、学校教育对青年身心发展的作用

青年的身心发展除了受遗传因素的影响外，环境和教育也起到了决定作用。青年在学校中学习和生活，学校活动会对青年产生影响，促进青年身心的发展，为青年将来步入社会打下基础。青年在学校教育中能够掌握现代科技发展所带来的最新知识和技能；能够树立职业观念、学习职业技能、确定职业方向；能够预习社会知识、发展社会与社交技能、完善人格特质。根据大量的研究成果可知，学校教育对于青年的身心发展具有重要的导向作用。

第二节　家庭教育

一、家庭教育的内涵与地位

（一）家庭教育的内涵

家庭教育就是父母或其他监护人对孩子进行道德品质、身体素质、行为习惯等方面的培育，促进孩子成长为一个全面发展且身心健康的人。家庭教育与社会教育应该结合到一起，共同承担起立德树人的重任。家庭教育需要满足以下几方面要求：尊重青年身体、心理发展的客观规律，也要尊重他们的个性；尊重青年的人格，维护他们的尊严，保护青年的隐私以及合法权益；依据科学的家庭教育方法开展教育；家庭、学校、社会联合起来，共同努力；具体情况具体分析。

（二）家庭教育的地位

人的教育具有系统性，包括家庭、集体（各级学校）、社会三方面，其中家庭教育是所有教育的基础，三者应结合到一起，相互影响、制约、作用，使教育效果最大化。

人类开展教育活动最主要的方面就是家庭，在家庭教育中，父母、其他监护人要有意识地教育子女，以身作则，对子女产生影响。家庭教育对青年的身体、心理发展有很重要的影响。

二、家庭教育的建议

（一）明确家庭教育的任务和目标

在家庭教育中最应该关注的就是青年的品德教育，一定要教育青年如何做人。家庭教育最终的目的就是培养人，核心要义是培养具有完整、独立人格的健全的人，拥有健康人格是青年未来取得胜利的关键。

教育的目标分为内在品质、能力表现、自主自律。内在品质更多地涉及人格心理特质的完整性及人格心理特征发展的正常性；能力表现是指一个人在社会活动中表现出来的能力，以适应外界环境和社会；自主自律是联系内在品质和能力表现的桥梁和纽带，起着影响内在品质、实现外在能力表现的作用。

（二）培养青年内在品质和自主自律

家长应该明确青年成长的规律，真正明白青年在某个时期、阶段，做出某些行为举动时的心理状态，然后使用适应青年身心特点的教育方法引领青年成长。家长要从内心深处无条件地爱自己的孩子，接纳自己的孩子，这样才能让孩子逐渐成长起来。

在日常生活里，一些父母在纠正孩子某些行为的过程中使用了一些错误的方式、方法，这会对孩子的心智产生不利影响。家长应该采用无痕引导的教育方法，引领孩子向好的方向发展，同时避免给孩子造成心理伤害。

三、学校教育和家庭教育相互配合

2021 年 10 月 23 日，第十三届全国人民代表大会常务委员会第三十一次会议表决通过了《中华人民共和国家庭教育促进法》。法律明确规定，未成年人的父母或者其他监护人负责实施家庭教育。青年正处于人生成长的关键时期，家庭教育、家庭引导和家庭环境都会对青年的学业、职业规划、未来发展产生直接影响。

当代家长在孩子身上投入的关心和注意力是非常多的，青年在成长的过程中难免会受到家长的管控和束缚。进入大学，孩子脱离了家长的管控，会重新经历“断乳”的过程。这一时期体现在学生身上最明显的特征就是自制力降低、缺乏学习的目标，甚至沉迷于网络，这些都给他们的学习、生活带来很多不良影响。家庭、学校教育结合起来，可以帮助学生更平稳地度过“断乳期”。

（一）高度重视家庭教育

高等学校要转变自身的教育理念，注重多方教育的整体性、综合性作用。国家在制定教育政策时，应该将家庭教育并入高校教育管理体系中，设置有关部门进行专业化管理，设立规定，下发经费，借助必要的手段、方法促使家庭教育融入学校教育。

（二）实现家庭教育与学校教育相结合

家庭、学校教育相结合的效果由学生对家庭教育的态度决定，要想家庭、学校教育结合取得成效，可以从学生入手。举例来说，高校教育应该引领学生树立正确的对待家长及家庭的态度，重点宣传我国优秀的传统孝文化；也可以举办文化活动，把家长引入学校教育中，在学生和家长间搭起沟通的桥梁，让学生切实感受到父母对自己的爱，也使其表达出自己对家长的爱与感恩。

（三）信息技术的应用

使用信息技术建构起家长与学校的沟通渠道，可以很好地打破家长与学校间的时间、空间隔阂。学校要重点建设校内信息化平台，让家长可以通过平台了解学生的在校日常，同时也能更好地了解学校情况，为学校的发展提出自己的建议。

（四）教师责任的落实

在中学，班主任负责学生的生活和学习的培育和管理；在大学，辅导员负责综合管理青年学生的多方面情况。这就需要班主任或辅导员在学校官方平台及时与家长进行对话，家长可以在平台上看到孩子的动态，及时与教师、学校联系，这有利于孩子的成长与进步。

第三节　社会实践与终身学习

一、社会实践

（一）社会实践的含义和作用

青年学生社会实践，狭义来讲就是一种借助实践达成学校教育目标的教学形式，青年学生进入现实社会并且参与到社会生产劳动中是有目的性以及计划性的，社会实践可以帮助青年学生了解社会、丰富知识和技能、培养正确的社会及人生观念。青年学生社会实践是大学教育活动的重要版块，它和课堂教学结合起来，共同完成培养高校优秀人才的重要任务。

广义的社会实践是青年认识世界、利用世界、享受世界和改造世界的各种活动的总和，即青年在社会上从事的各种活动，包括家庭活动、职业活动、社会活动、休闲活动等，是青年实现人生价值、走向成功的必经之路。

1.促进知识的转化和知识的拓展

青年学生在学校所接受的知识是经过教育家加工的，其内容与形式更易于被理解、被吸收。这些被提纯、简化的知识当然很重要，但并不完全代表实际技能，对于部分知识学生难以直接运用于现实生活之中。社会实践可以使青年直接接触社会和自然，获得大量感性认识，并且可以帮助他们将自己学过的理论知识和现实情况进行对比、印证，将书本上的理论知识转变为可以运用的实践方法及工具。

2.增强青年的社会意识和社会技能

合格的社会人应该具备基本的社会意识，掌握基本的社会技能，只有在社会实践中才能更加深刻地了解国情民情，体察人间疾苦，为祖国成就自豪，为民生艰难忧虑，树立法治意识、公德意识、社会责任感。社会技能包括劳动技能、生活技能、沟通技能等。在社会实践中，体力劳动能使青年把自己放在合适的社会分工中，青年能够通过劳动把技能转化为生产力和产品，并得到社会的认可，体验到体力劳动价值所在。脑力劳动是现代社会的主要生产力，是推动科技进步和社会发展的核心力量，可以增强创造性和创新能力。团队活动可以锻炼人们的组织能力，培养领导力。

3.提高青年修养，完善个性品质

青年在进行社会实践时需要和家人、朋友、同事等不同的人进行交流。怎样分工合作、处理冲突、表达尊重，是青年实践者必须面对和学习的。青年在参与社会实践过程中会遇到各种困难，青年应迎难而上，不逃避问题，培养坚韧、顽强、勇敢的良好品质。在社会实践中，青年接受别人的批评指正，可以提高自我认识，促进自我成长。

（二）社会实践的内容和领域

1.家庭生活中的生活技能

在美国心理学家埃里克森看来，人的心理社会演变会经历八个阶段。青年时期处于第六个阶段，也就是“成年早期”，这一阶段主要的发展任务就是与人建立亲密关系，发生爱、学会爱，从而获得亲密感，摆脱孤独感。离开原生家庭、恋爱、结婚、生子是青年时期的主要人生发展任务。这些任务能否顺利完成，取决于青年人是否愿意积极投身于家庭生活实践中。洗衣、做饭、打扫、购物、个人形象管理、理财、看护病人、照顾婴幼儿、修理家用物品、理解他人感受、抚慰他人情绪……这些事情看似简单，但并不是人人都擅长。有些青年不屑于做这些琐碎小事，结果影响正常生活。

2.职业工作中的职业技能

青年时期属于职业生涯中的开始和上升阶段，职业角色要从新手过渡到熟手，再从熟手过渡到专家，职业技能要从形成发展到流畅，再从流畅发展到熟练。这个过程依赖大量的、长期的社会实践。职业工作是大部分青年的主体生活，它占用时间最长，也是获取经济来源、获取人脉资源、实现人生价值的主渠道。职业技能可以分为通用技能和专业技能。典型的通用技能有沟通能力、现代办公设备运用能力、文字表达和撰写能力、团队协作能力、领导能力等。专业技能则是不同岗位所需的核心技能，例如教师的教学与教育技能、医生的诊治技能、厨师的烹饪技能等。专业技能需要持之以恒地不断实践，才能达到技术上的熟练。

3.社会交往中的社会技能

俗话说"入乡随俗",如果缺乏社会经验、不懂人情世故,入乡随俗并不容易。青年的社会技能包括了解国情、民情,对社会事件做出适当反应;了解各地风俗习惯,适应在不同地域中生活;了解通用社交礼仪,在各种场合举止得当;了解社会生活公共资源(例如餐厅、银行、派出所、医院、行政机关等)的运行机制,能顺利办事。

(三)社会实践的原则

1.适应性原则

随着我国改革开放的逐渐深入,社会价值观愈发多元,青年一代追求个性解放、追求真实自我的需要尤其强烈。但青年社会实践还是要在现行的政治制度、社会治理模式、传统文化、风土人情框架下进行,因为和谐社会的一个重要标准就是与环境保持和谐,与周围的自然环境、人文环境、人际环境和谐相处。

2.健康性原则

社会实践应当以身心健康为前提,以牺牲身心健康为代价的实践活动应该尽快停止。例如,勇于走出舒适区、探索自身潜力,这是值得提倡的,但如果探索活动带来了明显不适,超出了自己的承受范围,那就应该及时调整,保证健康。

3.差异性原则

青年的个体遗传素质不同,家庭出身不同,童年经历不同,知识背景不同,所有资源不同,所以社会实践的途径、方法、结果也不同。盲目攀比、任意照搬别人的经验,有时不但起不到效果,还有可能带来深深的挫败感。实事求是、面对现实、走适合自己的成功之路,才是青年应有的实践态度。

4.主动性原则

只有自我实践、自我发展,才能自我受益。有些青年初入社会时也满怀热情,但遇到挫折或预期结果没有出现时,就会抱怨自己能力太差、资源太少、运气太差等,甚至因此失去进取心。青年人应当自觉发挥主观能动性,勤奋工作,认真生活,积极进取,因为机遇总是光顾那些有准备的人。

二、终身学习

（一）终身学习的概念

随着新时期社会的、职业的、家庭日常生活的急剧变化，以及人们对自我实现要求的不断提高，终身教育和终身学习理念不断获得认可并深入人心。国际21世纪教育委员会在向联合国教育、科学及文化组织提交的报告中指出“终身学习是21世纪人的通行证”，并特别指出“学会求知，学会做事，学会共处，学会做人”是终身学习的四大支柱，也是每个青年终身学习的重要内容。

处于不同时代的青年都有属于他们自身的成长、发展机遇。处于新时代的中国青年，更要紧随时代发展变化不断进行知识的更新，以新时代发展要求和事业发展要求为准绳，把理想信念学习、社会主义核心价值观学习、中华优秀传统文化学习作为终身思想政治学习的主要内容，努力提升自己的综合素质能力，以适应社会主义新时代。

（二）终身学习的特点

1.长期性

终身学习最重要的特征就是终身性。终身学习打破了传统的家庭、学校、社会教育的阶段性，把学习看作连续不断的过程。

2.普遍性

终身学习的普遍性是指进行终身学习的主体包括所有人，无论性别、贫富和种族，学习的形式多样化，包括自学学习、听讲学习、讨论式学习等。当今社会中的每一个人，想要学会生存、生活和发展，都离不开终身学习，因为每一个人只有通过学习才能更好地生存、生活和发展。

3.灵活性

终身学习可以不受时间、地点限制。青年自己决定什么时间学习、在哪里学习、怎样学习等，根据自己的性格特点选择最适合自己的有个性、有成效的学习方法。

（三）终身学习习惯的养成

养成良好的学习习惯是迈向成功的关键，这种习惯需要自觉建立、认真培养。终身教育和终身学习理念被提出后，青年应当积极培养主动学习、不断探索、自我更新、学以致用和优化知识的习惯。

1.主动学习习惯的养成

主动学习就是从内心深处把学习当作能够反映出个体需求的活动。青年在学习时要有主动性。培养主动性首先要有需求和渴望，这样才能促使青年积极探寻和自己的兴趣有关的学习资源，克服学习过程中出现的各种难题。另外，青年应将学习视为个人责任。只有把学习视为个人责任，才能以独立、认真、深入的态度投入学习中，并有效解决遇到的学习难题。青年还需要对自己的能力做出准确评估。只有对自己有准确的认识和了解，才能在工作中充分发挥自己的优势，这有助于改进不足之处。此外，青年需要具备永不放弃的精神。学习需要的不仅仅是智商，更需要具有面对多次失败的勇气。

2.不断探索习惯的养成

不断探索就是在未知的领域里，凭借自己的兴趣爱好、自己的发现进行学习，发现问题后，从多方寻求答案，解决疑问。青年要养成不断探索的习惯，首先要对周围某些事物、现象有浓厚的兴趣。探索首先来源于兴趣。除了兴趣，最好能有物质条件和准备，例如发展兴趣的相应的场所和工具。其次，青年还需要不断丰富自己的信息资源。信息资源既包括人方面的资源，也包括知识方面的资源。培养不断探索的习惯，还要对新事物的认知有开放的心态。

3.自我更新习惯的养成

自我更新就是不局限在自己已经掌握的知识和能力中，而是可以进一步提升、完善自己的知识储备和能力，持续促进自身的发展及提升。确定自己的认识与发展的可能的提升空间是自我更新的前提。青年要培养自我更新的习惯：第一，心态要开放；第二，要注意洞察新事物、新现象，使自己的敏感性提高；第三，要善于进行反思；第四，要扩大自己的视野；第五，要虚心听取别人的意见，主动纳言。

4.学以致用习惯的养成

知识来自全体人类对生产生活实践的总结，并在人们解决实际问题的过程中逐渐发展、完善。“学以致用”最重要的就是将从书本上获得的间接经验、知识与生活实际相联系，要将知识应用到现实生活中，这就需要青年经常观察和思考。理论上行得通的东西，在实践中做起来可能复杂得多，青年人只有领悟实践中蕴含的规律性知识才能真正学以致用、收到效果。

5.优化知识习惯的养成

21 世纪最重要的学习能力就是学会管理知识和处理信息。青年要科学管理知识和处理信息，首先要学会反思，还要明确怎样能高效地使用电脑和互联网，并在了解基础知识的情况下避免对电脑和互联网的错误使用。青年要多思考、多练习、多动笔，同时有效利用互联网，让互联网成为青年终身学习的有力工具和得力帮手。

第四节　当代青年的社会责任

一、责任与社会责任

（一）责任

每个人都有需要承担的责任，而且责任也是推动人类社会不断进步和发展的核心动力。由于各民族具有不同的文化背景和历史传统，中西方人对责任的认知存在差异，这影响了中西方人的责任观念发展。在西方学术界，责任作为一个术语已经有很长的历史，有许多学者探讨了关于责任的话题。苏格拉底主张，“善良的公民”为国家和人民服务时需要负起责任。根据柏拉图的观点，每个人都有独特的才能和职责，不同的社会角色为实现城邦正义贡献各自的力量。根据斯多葛学派的理论，履行个人责任并为公众作出贡献是遵循“自然法则”的结果。亚里士多德从德性论的角度出发，认为责任的基础是德性构成的。康德是义务伦理学派的代表，他认为责任是拥有先天理性的存在，是所有道德价值的根源，也可称作义务。行为的发生不应仅仅是因为符合责任或责任规则，也必须以责任为动机来驱动行为的发生。人们不应该根据感性来判断责任的标准，而要遵循事情发展的客观规律，并用理性的方法来给责任设定必要的强制和约束标准。

在古代中国，表达“责任”的时候，通常使用单个字“责”或“任”。“责”有以下几种含义：①责任，职责；②责问，责备；③责罚；④索取，责求。“任”当动词使用时表示行为，像任用、信任等，用作名词时，则涵盖职位、职责和责任等意义。古代中国对责任的理解有两层含义：第一层是个体根据自身所扮演的社会角色，主动承担维护封建统治秩序的责任；第二层是个体对自己作出的选择，必须勇于承担不利的后果，这与现代“责任”的基本含义相同。在《汉语大词典》中，“责任”一词有三个含义：第一，使某人承担某种职责；第二，指分内应该做的事情；第三，指无法妥善完成本应负责的工作，导致需要承担责任的过失。

（二）社会责任

现阶段，学术界对社会责任进行了各种不同的阐述和解读，综合来说，可以总结出两种不同的解释。首先，从人的本质属性出发来认识社会责任。①有能力的人在社会中肩负着特定的使命和责任，同时也要对自己的行为作出相应的承诺并承担后果。②社会责任是因人所处的时代与阶级利益、意愿不同而产生的一种行为准则和规范。社会责任在我们的日常生活和工作中扮演着重要角色，促使我们正确处理与他人的复杂社会关系，同时对自身行为进行适当的规范和约束，以确保生产劳动的正常进行。③社会责任是指在一定的社会背景下，个人或群体有意识地承担相应的责任，以维护自身社会属性、促进共同体的发展和繁荣。其次，从人与社会的关系出发来认识社会责任。担负社会责任意味着社会成员需要履行应尽的义务和职责，这也保障了自身在社会中的长期生存和发展。表现社会责任是展示人类社会性的一种方式，每个社会成员都应该承担一定的社会责任。个人在生活和成长中需要依靠社会提供的必要物质条件，进而实现其存在的价值和意义。为了推动社会的进步，人类需要积极行动并作出自己的贡献，为社会发展创造更多有益的条件。个人和社会彼此依存，构成一个紧密的共同体，社会责任便是维系这种关系的重要纽带。

总的来说，责任不仅是社会的强制规定，也是个人内心自我规范的表现。责任是个人对自己的行为及思想方式的自然限制，同时也涉及对他人和社会的责任和义务。可以说，青年社会责任是指青年不仅关注自身的利益和发展，还积极关心他人、关注社会问题、热爱国家和民族、为全人类作出贡献等。青年作为社会的一分子，应当对自己的行为承担责任。虽然“自我责任”和“社会责任”看起来是两个不同的概念，但是在更广泛的视角下，青年的个人发展和社会发展是相互关联的。因此，实现自我责任也是实现社会责任的一种表现。社会责任的外化特征有以下几点。首先，它具有利他性，践行者需要抑制自己的欲望，把他人的利益置于首位，认为团体利益和个人利益同等重要。其次，它具有整体性，社会责任的价值标准以整个社会或阶级的根本利益为主，而不是只顾个人的利益。再次是主体性，随着人类社会形态的演变和个体自我意识的逐渐觉醒，个体开始主动承担社会责任，以维护自身根本利益和维护公共秩序为己任。最后是自觉性，个体必须具备自我意识，这样才能够实现自由和全面发展。每个人在个体互动的社会关系中，必须尊重并保障其他人的自由发展，以实现共同的利益。个体具备理性自我意识后，能够较为自由地履行社会责任。

二、青年的社会责任

中国近代时期，青年这个词语具备了指代独立社会群体的含义，新文化运动促进了青年这一词语的广泛传播，也是在这个时期，青年开始承载一些特定的历史意义。青年阶段在人生发展历程中处于重要地位，也是人的心理、生理状态变化剧烈的时期，一个人关于未来的职业、家庭理想都是在青年阶段产生的，青年身上担负的社会责任与社会、国家、民族的未来强盛发展关系密切。青年的社会责任感就是个体对于他人、社会肩负的职责与使命的强烈自觉意识。如果用马克思历史唯物主义理论解释，青年社会责任的内涵并不是固定的，它会随着客观历史条件的变化而进行调整，这就需要青年积极、主动地发挥自己的主体作用。基于此，可以说青年的社会责任，就是在一定的社会历史条件下，有素质、有能力的青年自觉、主动肩负起的社会赋予的特定责任。

三、时代青年社会责任的理论基础与现实基础

（一）理论基础

坚持马克思主义思想的作家围绕责任展开的理论研究和思考给青年更好地肩负社会责任奠定了坚实的科学基础。中国共产党在革命、建设、改革的多个不同

历史阶段一直把青年放在重要位置，重视、肯定、关心、信任广大青年，并对青年寄托了深切的希望，也提出了更高的要求。

1.马克思主义经典作家关于青年社会责任的相关观点

马克思主义经典作家对于责任的基本观点和认识是马克思列宁主义基本原理的重要组成部分。马克思、恩格斯、列宁的理论融合了对人民和社会的责任感，这为我们论述青年社会责任提供了理论支持。

（1）关于人的全面发展理论

这一理论强调了个人的本体责任。马克思对此表达了自己的见解和主张。他认为“任何人的职责、使命、任务就是全面地发展自己的一切能力，其中也包括思维的能力”①。马克思在所著的《1844 年经济学哲学手稿》中指出：“个人的全面性不是想象的或设想的全面性，而是他的现实联系和观念联系的全面性。”② 马克思在谈及未来社会人的发展状态时，认为未来的新社会将比资本主义更具进步性。马克思在谈论人的全面发展理论时详尽地解释了全面发展的内在本质和历史发展的必然趋势，涵盖了多个角度、多个方面。每个人都不应仅关注自身的生存，还要追求多元化、多维度的全面发展，这应当成为我们要求自己的标准。只有这样才能进一步促进全人类的全面发展。这也是个体自我责任更加社会化的表现。

（2）关于人的本质理论

马克思在《〈黑格尔法哲学批判〉导言》中提道：“批判的武器当然不能代替武器的批判，物质力量只能用物质力量来摧毁；但是理论一经群众掌握，也会变成物质力量……对宗教的批判最后归结为人是人的最高本质这样一个学说……”③ 他认为人的本质受到了宗教的禁锢，要找到人真正的本质就必须让人类从神的束缚中解放出来。在《1844 年经济学哲学手稿》中，他第一次提出了劳动是人的内在本质的观点。在《关于费尔巴哈的提纲》中马克思进一步提出：“人的本质不是单个人所固有的抽象物，在其现实性上，它是一切社会关系的总和。”④ 这是马克思关于人的本质的经典论断，深刻地揭示了人的本质属性，他指出人是社会存在的一种生命体，其生存和发展需要依赖于社会，因此个人和社会之间存在着密切

① 马克思，恩格斯 . 马克思恩格斯全集（全 50 卷）[M]. 中共中央马克思恩格斯列宁斯大林著作编译局，译 . 北京：人民出版社，1985.
② 汤在新 . 马克思经济学手稿研究 [M]. 武汉：武汉大学出版社，1993.
③ 同①
④ 同①

关系。个人需要通过社会提供的资源来满足自身的需求和发展，而社会也需要个人通过实践活动来承担自己的社会责任，推动社会不断前进和发展。因此，个人和社会之间存在着相互依赖的关系。这一理论为青年人履行社会责任提供了强有力的支持。

2.中国共产党关于青年社会责任的思想

中国共产党一直以来都非常重视青年工作，其中又特别关注青年的社会责任教育，并且长期以来形成了丰富、充足的青年社会责任思想理论。中国共产党在不同的革命时期始终坚持将青年作为肩负、实行社会责任的先锋，青年对我党实现各阶段历史任务有重要作用。党的历任领导都强调要重视青年的力量，青年要在不同历史阶段、不同历史责任下，勇敢承担起党赋予的社会责任。

3.中华优秀传统文化中青年社会责任的相关思想

中国传统文化历史悠久，包括古人提出的与责任相关的多种认识及论述。

（1）正心诚意、修身为先的个人责任伦理思想

《大学》最早全面论述修身，其中讲到了修身的范围："自天子以至于庶人，壹是皆以修身为本。"修身是为了尽责，实现责任必须修身；修身是对自己负责，是尽责的一部分；尽责的过程亦是修身的过程，要在尽责中进行修身。为了使人更好地承担社会责任和政治责任，强调修身为本、正心诚意，这构成了中国古代文化的个人责任伦理思想的基本内涵和要义。

（2）孝悌为本、尊老爱幼的家庭责任思想

在中国传统社会里，家庭关系受到特别的重视，中国传统伦理思想中蕴含着丰富的家庭责任伦理思想。一个完整的、尽责的人生，不仅要按照生命的自然过程和社会的历史过程按部就班、循序渐进，不错位、不颠倒，而且更重要的是要亲自承担家庭中的各种责任。家庭责任主要强调各成员之间的伦理责任，而不是传统伦理学中的道德责任。比如，父亲对儿子当以慈爱待之，因为这是父母养育子女的伦理责任，而子女对父母当以孝待之，因为赡养父母是子女应尽的责任和义务。

（3）己所不欲、勿施于人的人际责任思想

马克思说过，人的本质，在其现实性上，是一切社会关系的总和。个人不仅要做好正心修身，而且要践行对他人（包括亲朋好友、社会同胞）的责任。自古以来，中国十分重视人际交往中的"仁爱"原则，虽未明确将其作为责任提出来，

但是从字里行间所传达出来的意思能够体会到，有责任心的人会自觉承担起帮扶救助、有益他人的责任。

（4）天下兴亡、匹夫有责的国家责任思想

古代中国的政治机构、社会组织等还不太完备，因此那个时候的人们并没有对社会、民族、国家作明确的区分，并且由于古代中国家国同构的发展方式，人们往往把社会责任同国家责任混在一起。我国古代思想家所主张的“治国、平天下”，从某种意义上说，就是指对社会、对国家的责任。历史上中国战乱多发，国家时常处于动荡之中，一些进步人士把国家、民族安全和利益置于个人之上，充分体现了他们对国运兴衰的责任担当。

（二）现实基础

1.互联网的快速发展

全球经济、政治、文化和社会都深刻地受到了信息技术飞速发展的影响。现如今，互联网已经渗入人们生活的各个层面，人们尤其是青年能够巧妙地利用互联网平台进行跨文化交流与了解，强化了对不同国家文化的认知。青年往往在文化方面有相似的兴趣爱好，因此他们可以通过文化交流建立亲密的友谊。青年喜欢尝试新鲜事物，富有创造力和创新精神。他们更倾向于将文化作为一种柔性的交流媒介。通过文化交流，青年可以开阔视野，深入了解其他国家和地区的文化，并在不断碰撞中互相启发。作为一种现代化的文化交流平台，互联网不仅使中外青年之间的对话变得畅通无阻，而且对人类文明的推进作出了巨大的贡献。

2.中国特色社会主义进入新时代

习近平总书记在党的十九大报告中作出了一个重大的政治判断，即“中国特色社会主义进入了新时代”①，这项判断宣告中国特色社会主义事业进入了一个全新的发展阶段。

（1）新时代为青年成长成才奠定了坚实的物质基础

党的十八大以来，以习近平同志为核心的党中央认真研究了国内外发展态势，积极引领、鼓励全国人民为实现“中国梦”而努力奋斗。这一系列努力取得了良好成效。我国的经济结构不断优化，经济发展方式也不断升级更新，经济总量已

① 中共中央党史和文献研究院．十九大以来重要文献选编 上 [M]. 北京：中央文献出版社，2019.

经稳居世界第二的位置，并且持续保持平稳增长的节奏。我国经济发展态势越来越好，人民生活水平明显提高，幸福指数也随之提高，可见改革开放的成果惠及了大众。国家物质实力的提升为青年的成长和成才创造了更好的物质条件，也给广大青年实现个人理想提供了更广阔的舞台。

（2）新时代为青年成长成才提供了丰富的精神财富

近年来，我国不断加强精神文明建设，文化事业蓬勃发展，为广大青年提供了丰富的精神财富。中华文化的影响力不断扩大，中国的文化自信在国际交往过程中也逐渐增强，展现了我国在世界舞台上的实力与地位。党的十九大报告强调，在教育领域要加强“双一流”建设，实施内涵式教育，以提升教育质量为目标。除此之外，我国正不断增加对教师团队的投资，努力提高教师素质，促进教师事业的发展。我们正努力聘请世界一流的学术精英，持续组建优秀的师资队伍，为培养青年学子成为心怀人类命运的社会主义事业接班人提供极为优质的人才支持。

（3）新时代为青年创新创业创造了广阔的空间

党的十九大报告明确指出：“我国社会主要矛盾已经转化为人民日益增长的美好生活需要和不平衡不充分的发展之间的矛盾。”① 需求的变化为生产提供了新的方向，青年可以抓住机遇充分展现自己的才智。青年具有非凡的活力与创造力，他们应当积极利用此优势为所有行业注入新思想和新活力。因此，新时代的到来为广大青年创造了就业创业机遇及优势。青年能够基于社会的最新发展趋势，以市场需求为导向，制定全面合理的未来规划，在新的时代背景下开拓出属于自己的领域。

3.改革开放和市场经济发展

改革开放以来，我国经历了从计划经济到市场经济的重大转型。这项改革推动了经济各要素的重大进步，同时也带来了深远的社会影响。这种变化在某些程度上对年轻一代的社会责任感产生了最直接、最有力的影响。这种影响同时具有积极性和消极性。

（1）市场经济的发展为青年提供了巨大的发展空间

随着市场经济的不断壮大，越来越多的企业和行业涌现出来，这为青年提供

① 中共中央党史和文献研究院．十九大以来重要文献选编 上 [M]. 北京：中央文献出版社，2019.

了更多的就业机会，让他们能够更好地实现自身价值。在市场经济竞争中，新一代人愿意迎接挑战，以满足社会不断变化和发展的需要，同时这也能实现他们自己的个人追求。这种积极性激发了他们的创造力，形成个人进步和社会发展双赢的局面。

（2）市场经济的逐利性助推了个人主义价值取向

市场经济以追求利益为核心，货币和权力成为衡量财富的标志。在这样的环境下，一部分年轻人容易被物质文化影响，更关注眼前的利益，容易形成追求财富和享乐主义的价值观念，从而忽视集体利益，表现出个人主义价值取向。

4.中华民族伟大复兴重任赋予青年的时代新要求

我国对新时代青年的新要求主要包括以下几个方面。

（1）新时代青年要有坚定的理想信念

在推进中华民族伟大复兴的进程中，人们面临着各种困难和风险。青年应该做好心理准备，始终坚守自己的理想和信仰，直面未来所有的困难和挑战。个人精神的塑造需要理想信念的激励和鼓舞。因此，青年必须坚定信念，相信中国特色社会主义一定能够取得伟大的胜利，并最终实现中华民族的伟大复兴。这是青年肩负国家重任的先决条件，同时也是实现个人人生价值的必备要素。

（2）新时代青年要有真本领

随着经济全球化的不断深入，未来的国际竞争将进入一个全新阶段。在新时代，国家会更加重视教育、科技和人才，以期提升自己的话语权。因此，新时代青年需要具有真正的本领，进而在未来的竞争中取得优势。青年的未来发展需要注重精深学习，不仅要积累多方面的知识，还要注重提升自身的能力，不仅需要掌握理论知识，还要将其应用于实践方面，取得具体成果。青年想要在建设社会主义现代化强国的过程中作出贡献，就需要不断提高自己的知识水平和技能，只有具备足够的实力，才能在社会上立足。

（3）新时代青年要有担当精神

在实现中华民族伟大复兴的过程中，青年必然会面临许多困难和阻碍。新时代的青年必须具备承担责任的勇气和精神，在不断斗争中探索出一条符合新时代特色的道路。在当前历史发展的重要阶段，中华民族实现伟大复兴任重道远。青年应不畏挑战和困难，怀着更为坚定的责任心，积极向上，奋发有为，迎难而上。

第五节　新媒体背景下的青年教育

一、新媒体与青年

（一）新媒体环境下的“网生代青年”

“网生代青年”泛指活跃的青年网络用户群。他们生长于互联网时代，在享受计算机和网络技术带来的便利的同时，将互联网技术与思维深深地融入工作、生活的方方面面；他们活跃在各大互联网应用平台上，是网络娱乐的深度用户，是舆情事件的热情参与者。

（二）新媒体环境下的青年“焦点问题”

根据英国学者科尔曼的“焦点理论”，不同年龄阶段的人们常常会聚焦于某种特别的关系形式，但是没有哪种关系形式是某一年龄阶段的人们所独有的。新媒体环境下，青年“焦点问题”也有其新特点。

1.“虚拟理想我”与“现实真实我”的矛盾

青年开始从关注外部世界转向关注内在世界，“自我发展”成为青年期的关键问题，而“自我同一性”发展则是青年期的中心任务。但是，青年期“自我同一性”往往遭遇“自我的分化”的冲击，其结果是在新媒体环境下表现为“虚拟理想我”与“现实真实我”的冲突。其中，“虚拟理想我”往往很丰满，因为“虚拟理想我”是自由的、个性的、国际化的、城市的、偶像的、享受的、娱乐的、消费的、无忧的，待在家里即可接收全球资讯，网络社交编织了庞大、亲密的社交体系，各种应用便捷了工作生活。“现实真实我”常常很渺小，因为在现实生活中，青年常常处在权威世界里，社会竞争力较弱，话语权相对缺失。冲突之下是青年对“我是谁”“我在社会中占有什么样的位置”“我要到哪里去”的困惑与思考。

2.虚拟“亲密感”与现实“孤独感”的矛盾

“亲密感”是青年期的重要主题，它具备三方面的特征：关心他人；主动对他人讲述自己的事情；和他人有相同的兴趣、爱好。在新媒体社交空间中，青年通过网络社群、朋友圈、微博舆论空间等营造了与志同道合者的“亲密感”，甚至收获了亲情、友情、爱情等。然而，在现实生活中，虚拟的“亲密感”往往被打败，青年在亲情、友情、爱情中容易感到孤独。如何在虚拟和现实中寻找真正的“亲密感”是青年容易产生焦虑的问题。

3.网络道德和价值观与现实道德和价值观的矛盾

道德和价值观都是青年心理发展的重要主题，其中道德为青年发展解决的是社会行为规范与准则的确立问题，价值观则会影响青年对行为方式、手段及其结果的选择。青年期是价值观形成的关键时期。由于道德与价值观既受到家庭和学校的影响，又受到新媒体的影响，两者的不一致往往会让青年的网络道德和价值观与现实道德和价值观发生冲突，甚至让青年陷入道德与价值观的混乱之中。

（三）新媒体环境下的青年社会化

恩格斯指出：“每一时代的理论思维，包括我们这个时代的理论思维，都是一种历史的产物，它在不同的时代具有完全不同的形式，同时具有完全不同的内容。”[①] 随着新媒体时代的到来，其所具有的开放性、自由性、互动性、平等性等特征，以及其便利的信息发送、传播与接收功能，满足了青年彰显个性、崇尚自由、追求平等等社会表达的需求，极大地促进了青年社会化的发展。

1.新媒体成为青年身份认同的新路径

新媒体在带给青年“自我发展”困惑的同时，更在一定程度上满足了其“身份认同”需求。在青年期，学校、家庭等成人世界对青年社会化的引导常常会引起青年的反感与叛逆。新媒体从用户出发进行传播，形成了平等的话语方式、轻松的话语氛围等，从而成为青年身份认同的新路径。新媒体用互联网思维解答了“我是谁”“我在社会中占有什么样的位置”“我要到哪里去”这三个青年发展的关键问题。

2.新媒体成为亲密感获取与表达的新平台

寻找亲密感是青年期的重要主题。新媒体是亲密感获取与表达的重要平台，特别是社交软件的应用帮助青年建构了新时代的社交关系。微博建构了青年的公

① 马克思，恩格斯．马克思恩格斯全集（全 50 卷）[M]. 中央编译局，编译．北京：人民出版社，2016.

共社交平台，使他们与网民互动交流，探讨公共话题；微信建构了熟人社交圈，让青年在分享、转发、点赞中建立起更具信任感的朋友圈。这些虚拟社交中的亲密感区别于现实社交，同时又能够加深现实社交的亲密感。

3.新媒体成为青年主流思想建构的新路标

对于青年来说，新媒体也是青年主流思想建构的路标。一方面，新媒体有自净功能，能够为青年还原真相。虽然新媒体上言论颇多，思想多元化，但是会有多信源比较、多观点碰撞，加之时间检验，网络自净功能会让主流价值得以发展。另一方面，传统媒体和政务机构逐渐在新媒体上建立话语优势。正能量新媒体的崛起让主流思想在青年中的传播力大幅提升。

二、青年教育在新媒体时代的发展

（一）传统教育体系中融入数字媒介素养教育

1.数字媒介素养教育的概念

数字媒介素养是指一个人全面参与媒体发展、信息化社会所必需的综合能力，具体包含五个方面的能力，即应用能力、分析与评价能力、创造能力、反应能力和行动能力。其中行动能力指一个人通过独立、合作共享知识，解决家庭、工作地点和社区内出现的问题，并要求地方、地区、国家和国际社区成员参与社区事务，实施社会行动。

青年数字媒介素养教育是指：培养青年在海量信息中有效查找、使用、理解、分享信息和观点的能力；培养青年对信息的分析和判断能力；帮助青年借助数字媒体技术制造内容，提高创造力和自我表达能力；培养青年通过媒介反映社会的能力；培养青年参与社会问题解决的能力。

2.青年数字媒介素养教育的目标

当前我国青年数字媒介素养教育既要鼓励青年多参与，还要培养他们的社会公共管理意识，即鼓励青年更好地利用媒介为自我发展服务、为地区发展服务、为社会发展服务，并同时使自己成为合格公民。

3.青年数字媒介素养教育的内容

青年数字媒介素养教育的内容至少包含五个方面：①媒介认知，即媒介的了解及使用；②媒介判断，即媒介信息价值的判断；③媒介传播，即掌握信息传播技巧；④媒介利用，即利用媒介发展自我；⑤媒介释放与赋权，即培养青年穿越部分媒体建立的迷障的能力，促进青年的社会参与，鼓励和支持青年通过媒体关心公共事务，同时通过理性思考和对话去影响、改进媒体内容，不断促进媒体内容的优化，最终更好地服务自身发展和社会建设。

4.青年数字媒介素养教育的渠道

数字媒介素养教育的渠道有：①学校教育。数字媒介素养教育进入课堂有融入式课程和独立课程两种形式。当前国民教育体系中，青年数字媒介素养教育课程应当以融入式课程为主。融入式课程是将数字媒介素养教育内容融入学校教育的原有课程中而形成的一种融合性课程，比较典型的做法是将数字媒介素养教育与语言类（语文、英语）课程融合。在现有的大学教育体系中，大学语文、大学英语、思想道德修养与法律基础、形势与政策等课程都可以引入媒介文本，让青年学生在新媒体的文本分析和话题讨论中完成学习任务。②家庭教育。在家庭教育中，媒介引导应当与文化反哺并行，即长辈要运用自己对中华传统文化和社会主义核心价值观的领悟积极引导青年一代；青年一代要运用自己掌握的新媒介技术影响长辈。长辈和青年一代要互相认可对方文化，并愿意接受对方文化，相互学习，共同进步。③社区教育。在大力发展社区教育的当下，社区教育是数字媒介素养教育实施的重要渠道。青年在社区新媒体建设中可以扮演六种角色：新媒体策划筹办者；信息收集、编辑与发布者；社区社交达人；社会观察者与网络表达达人；舆论参与者、引导者与意见领袖；传统文化继承与发扬者。青年应该在新媒体这一平台上，通过对社区治理的积极参与，快速成长为合格公民。

（二）新媒体青年教育的理念与方法

1.新理念

党的十九大报告提出了新时代、新矛盾、新思想、新目标 4 个重磅新概念，这对于包括新媒体在内的整个新闻传播领域有重要意义。新媒体传播进入了新时代，有了新主题、新选题和新目标。而党的十九大前后的一系列基于新媒体的传播案例也传递出了新媒体平台上青年教育的新理念。这一新理念至少包含四个方面：①有使命。2018 年 8 月，习近平总书记在全国宣传思想工作会议上提出宣传思想工作应该担负起使命任务，即举旗帜、聚民心、育新人、兴文化、展形象，这就是新媒体青年教育中应坚持的首要理念。②有专业。新媒体青年教育也要讲究专业精神。这里的专业一方面指坚持新闻专业主义，另一方面也指新媒体可以借用各领域的专业精神切入青年关注的领域，由此吸引青年关注，达到教育目的。③有流量。新媒体青年教育要把握新媒体思维，入脑入心的教育产品一定是以用户为中心的、碎片化的、私人订制的、娱乐化的、专注的。④有温度。最好的新媒体青年教育应当脱离枯燥的理论，结合现实社会，寻找青年人的共鸣点，在感动青年的同时达到教育目的。

2.新方法

新媒体青年教育的新方法主要有：①加强队伍。共青团组织、学校等应充分发挥新媒体青年教育的主力军作用，积极用新媒体思维武装队伍，善用新时代教育新理念。新时期媒体人应当具备政治素质。②扩展阵地。新媒体的诸多应用都应成为青年教育的重要阵地。热门新媒体都要成为正能量传播的平台，在娱乐与教育的二八比例下实现青年教育的良好效果。③丰富产品。新媒体青年教育要借用各种新媒体以引用大量有流量、有温度的青年传播产品来发挥作用。青年传播产品可以分为理论宣传、青年故事、热点讨论、节假日纪念、传统文化传承等类型，其中理论宣传类可以参照第 27 届中国新闻奖《您好，马克思》网络专题，传统文化传承类可以参考抖音产品《第一届文物戏精大会》等。

第二章　社会主义核心价值观概述

本章系统介绍了社会主义核心价值观，包括社会主义核心价值观的概念阐释、相关理论、主要内容，还介绍了社会主义核心价值观培育的意义、思想和原则。

第一节　社会主义核心价值观的概念阐释

一、价值

（一）本质与特征

价值最初是经济学概念，指凝结在商品中的一般的、无差别的人类劳动。后来，这一概念逐渐泛化到哲学、伦理学、法学、社会学、艺术、宗教等学科和领域。《现代汉语词典》（第 7 版）对价值的释义有二：①体现在商品里的社会必要劳动。价值量的大小决定于生产这一商品所需的社会必要劳动时间的多少。不经过人类劳动加工的东西，如空气，即使对人们有使用价值，也不具有价值。②用途或积极作用。价值现象是一类极为广泛的客观精神现象。人类把一切与其利益相关的事物或行为都赋予相应的真假、好坏、善恶、美丑意义，这种意义相对于相关的行为主体而言，也就是一种价值。价值是具体事物，具有一般的规定、本质和性能。

在哲学上，价值首先是一个关系范畴，其所表达的是一种人与物之间的需要与满足的对应关系，即事物（客体）能够满足人（主体）的一定需要。马克思指出，人的需要即“人的本性”。价值是揭示外部客观世界对于满足人的需要的意义关系的范畴，是指具有特定属性的客体对于主体需要的意义。这就是说，凡能满足人们的需要之物即有价值之物，价值表示人们的需要与外物属性之间的关系。毫无疑问，这是价值的一项基本含义。哲学上的价值与具体领域事物的价值的关系是一般与个别的关系。这里的“事物”既包括物质现象，也包括精神现象。在日常生活中，不同的东西具有不同的价值。粮食、水果等食物具有满足人们营养需要的属性；衣物、房屋等具有满足人们穿、住需要的属性；书籍、艺术等具有满足人们精神需要的属性。可见，事物各有自己的价值。而这些具体的价值又可以被概括为几个领域，即经济价值、道德价值、审美价值等，这是具体事物、具体领域的价值。而哲学世界观领域的价值是在具体价值的基础上概括和抽象出来的，它比具体领域事物的价值更广泛、更抽象。这些具体领域的事物之所以有价值，是因为这些领域的事物属性能够满足人的需要，它们对主体的积极意义就是哲学上的价值。

其次，价值又是一个属性范畴。价值具有自身的特点和属性。价值是从主体与客体的相互关系中产生的，具有强烈的主体性特征。在价值关系中，不是人趋近物，而是物趋近人。价值属于人的范畴，没有人，更准确地说，没有进入社会实践及认识活动中的人——主体，世界不过是一团按照某种规律运行的自然之物，是无所谓意义、无所谓价值的。价值问题从根本上说是人的问题、主体的问题。唯有人才有价值追求。“人的价值同物的价值相比是最高、最重要的价值。”[①] 价值的主体性具体表现在：①任何客体对于不同主体的价值都是不同的，其性质和程度都同主体本身的特点有关。②同一客体对同一主体的价值关系可以是多维、多面、多重的。③随着主体的需要和能力的变化，同一客体对主体的价值会发生性质或程度上的变化，即价值的时效性。④价值主体性的最突出表现是在主客体的价值关系中的主体创造性。根据价值主体性所具有的因人而异、一切以时间地点条件为转移的特性，人们常常“自然地”得出价值多样化、相对性的结论。也就是说，有多少主体就有多少种不同的价值。在相同的客体面前，不同的主体与客体可形成不同的价值关系。

承认价值的主体性并不等于认为它就是主观的，也不意味着否定价值的客观性。价值主体具有不依赖于人主观意志的客观规定性。价值的客观性在于，价值必须以客观事物本身所具有的属性为现实基础，人的主体需要受社会历史条件制

① 郭凤志．价值、价值观念、价值观概念辨析 [J]. 东北师大学报（哲学社会科学版），2003（06）：41-46.

约。一方面，任何具体的价值都存在于具体主体和客体的相互作用过程中，没有对象、客体的存在、性质和功能，也就无所谓价值；另一方面，在实践活动中与客体建立关系的人、主体的某些因素，其需要及满足的程度与状况并不是随机的，而是受社会实践和社会历史发展所制约，并随其发展而发展。需要指出的是，价值的客观性有其绝对性的一面。一个事物、对象对主体是否有价值，有多大的价值，有正价值还是负价值，并不是主体可以决定的，而是具有一定的确定性、必然性。是否承认价值的客观性，是唯物主义和唯心主义在价值问题上的分水岭。在唯心主义者看来，价值只是在人们的评价中才产生和存在，而评价归根到底又不过是人的主观意志等的表达或宣泄，他们否定价值的客观存在。实际上，在主体、人的社会实践的基础上，价值的主体性和客观性，或者说价值的多样化、相对性与一元化、绝对性并不矛盾，它们并不是相互分离、相互排斥的，而是相互依存、相互关联、辩证统一的。总之，价值是多样化与一元化的统一，是绝对性与相对性的统一，是主体性与客观性的统一。

人的价值活动是在一定的社会存在基础上进行的，价值活动本质上就是社会活动，这就意味着价值还具有社会性。人是社会的人，总是生存和活动于各种各样的社会关系当中，并受到一定社会关系的制约。人的价值含有两方面的意义。一方面，人的价值就在于创造价值，即通过自己的活动满足自己所属的社会、他人以及自己的需要。这是人的真正价值所在。一个人具有什么样的价值，从根本上说是由社会所评判的，而社会对于一个人的价值评判，也主要是以他对社会所做的贡献为标准。个体对社会和他人的生存和发展贡献越大，其人生的社会价值也就越大，反之，其人生的社会价值就越小。如果个体对社会和他人的生存和发展不仅没有贡献，反而起到某种反作用，那么，这种人的社会价值就表现为负价值。离开一定的社会基础，个人就不能作为人而存在，当然也无法创造人生价值。人的社会性决定了人的真正价值在于对社会所承担的责任和作出的贡献。另一方面，人的价值在于社会对人的尊重和满足。人通过付出心血和劳动，在满足社会和他人需要的同时，自己也获得相应的劳动报酬，可以得到社会对自己价值的认可，从而实现对自我的满足。人在价值关系中既是主体又是客体，既是目的又是手段，既是价值享用者又是价值创造者。

综上所述，价值是标志着人（主体）与外界事物（客体）关系的一个范畴，它是指在特定历史条件下，外界事物的客观属性对人所发生的效应和作用以及人对此作出的评价；它是主体在实践中确立、又随着主体的社会实践的发展而发展的客体对主体的某种需要状态或关系。所以，任何一种事物的价值，从广义上说应包含两个互相联系的方面：一是事物的存在对人的作用或意义；二是人对事物的评价。

（二）价值的分类

人类生活中的价值关系和价值现象千差万别、复杂多样。认识价值的角度不同，价值类型也不同，我们可以根据它的不同特点对其进行具体分类。价值的主体只能是人，而客体却可为物、精神和人，因此，我们可以依据主客体来划分价值。

从客体方面划分，即依据价值关系中客体的类型来划分，价值可分为物的价值、精神的价值和人的价值三大类。物的价值是指那些以物体形态表现出来的，能满足人的物质生产活动和物质生活需要的客观事物以及人们从事政治、军事、教育、科学、文化等活动所需要的设施和物质条件，如粮食可以充饥，衣服可以保暖等。精神的价值是指能满足人的生产活动需要，为物质生产提供智力支持和精神动力的精神产品、精神财富，以及能满足人们的精神生活需要，又能给人们的精神生活带来积极影响的精神产品、精神财富。简言之，人类的全部精神文明都具有精神价值，都属于精神价值的范畴。人的价值就是人对自身、对他人、对社会的意义，主要在于人能够创造价值以满足各个层次主体的需要。在这三种价值形态中，人的价值是最重要的。因为在价值形态中，人是唯一具有能动性的。物的价值（不包括纯自然物的价值）、精神的价值、人的价值都是人创造出来的。人的价值就在于它是一切价值的创造者。

从主体方面对价值进行划分有多种角度。依据主体的形态和层次，可以将价值划分为个人价值、群体价值、社会价值、全人类价值等，它们分别指对于个人、群体、社会、人类历史发展需要的满足。依据主体——人的不同社会生活领域，可以把价值划分为经济价值、政治价值、道德价值、审美价值、科学认识价值和社会实践价值等。依据所满足的需要在主体生存发展中的整体性质和地位，可以将价值区分为目的价值和工具价值，目的价值是指对一定需要的满足本身，工具价值则是达到目的所需要的条件和过程。依据每种价值所实现的满足主体需要的现实度和程度，价值可以被区分为正价值和负价值、潜在价值和现实价值、即时价值和长久价值，等等。以正、负价值为例，价值是正价值和负价值组成的对立统一体。现在大多数人所说的价值，是指客体所具有的促进主体生存和发展的性质和能力，是指客体对主体所具有的积极意义和正面价值。事实上客体所具有的影响主体生存和发展的能力，既具有正面的意义和价值，也具有负面的意义和价值，是正面意义和负面意义、正价值和负价值组成的对立统一体。例如，煤炭和石油的价值。煤炭和石油对于人类的生存和发展既具有正面的意义和价值，同时也具有负面的意义和价值。煤炭和石油的大量开发利用加快了经济的发展，提高了人的生活水平，但是也增加了二氧化碳的排放，加剧了温室效应，进而破坏了自然环境，损害了人长远生存和发展的根本利益。

二、价值观

价值是指主客体之间的客观关系状态，价值观是对这一客观关系状态的主观认识或表达。价值与价值观有联系也有区别。其联系主要表现为价值是价值观的基础，没有价值也就无所谓价值观。其区别主要表现为价值是客观的东西，价值观是主观的、观念层面的东西，它与意识形态的本质具有一致性。价值和价值观是有区别的两个概念。

价值观是指人们在认识各种具体事物价值的基础上，形成的对事物价值的总体看法和根本观点。价值观一旦形成，就成为一种“先入为主”的立场和态度，成为一种思维定式和行为倾向。在实际生活中，价值观表现为人们判断某种事物好坏的基本态度和立场，即关于好坏、得失、善恶、美丑等价值的立场、看法、态度和选择，它回答的是诸如“信仰什么”“追求什么”“珍视什么”这样的问题，表现为人们的信仰、信念、理想以及价值原则和价值规范。

价值观总是和特定的主体相联系，是一定主体的价值观。每个人、每个组织、每个社会都会自觉或不自觉地拥有自己的价值观。有何种性质的社会存在，就会有何种性质的价值观。抽象的、超历史的、一成不变的价值观是不存在的。价值观的民族性体现着一个民族区别于其他民族的精神气质。恩格斯说：“善恶观念从一个民族到另一个民族，从一个时代到另一个时代变更得这样厉害，以至它们常常是相互直接矛盾的。”[①] 在阶级社会中，不同阶级由其阶级地位和经济利益所决定，有着不同的价值原则、价值规范、价值理想。每一时代占统治地位的价值观都是统治阶级的价值观，因为“占统治地位的思想不过是占统治地位的物质关系在观念上的表现，不过是以思想的形式表现出来的占统治地位的物质关系”[②]。

作为一种观念，价值观不是孤立存在的，它是世界观、人生观的重要组成部分。世界观作为人们对整个世界的根本看法，包括两个方面的内容：一方面是关于世界面目的根本观点，它回答“世界是什么”的问题，属于真理观；另一方面是关于世界价值的根本观点，主要回答“世界有什么用”的问题，属于价值观。人生观也是这样。理想的人生观既要是科学的，也要是好的、有价值的；既包括真理观，也包括价值观，即人生价值观。人生价值观回答什么样的人生是好的、有价值的，或者说人应该怎样活着才有意义、有价值。

价值观与世界观、人生观不是并列的关系，而是包含的关系。世界观、人生观都包含价值观，每一种世界观、人生观确立的同时就意味着一种价值观的确立。不存在没有价值观的世界观和人生观。世界观决定价值观、人生观；价值观、人生观表现世界观。在现实生活中，我们之所以常常把世界观、人生观、价值观并提，强调“三观”教育，主要是根据当代经济社会发展的需要，意在强调世界观的同时突出世界观中人生观的地位和作用，以及世界观、人生观中价值观的地位和作用。

自人出生起，价值观就开始产生，它随着个人社会实践的成长过程而逐步形成。它既有选择性也有主观性。价值观是我们衡量好坏的一个尺度。现实中我们往往会根据自己内心的标准来判断每个人的荣辱得失、福祸善恶等，根据自己内心的这些标准来评价现实中存在的事物的作用及意义。此外，个人的价值观一旦确立，便具有相对稳定性，同时它借助个人的爱好、期望、目的、思想理念等表现出来。但就社会和群体而言，由于人员更替和环境的变化，社会或群体的价值观念又是不断变化着的。传统价值观会不断地受到新价值观的挑战。人们对各种

① 马克思，恩格斯．马克思恩格斯全集（全 50 卷）[M]. 中央编译局，编译．北京：人民出版社，2016.
② 马克思，恩格斯．马克思恩格斯全集（全 50 卷）[M]. 中央编译局，编译．北京：人民出版社，2016.

事物，如对自由、幸福、自尊、诚实、服从、公平等的评价，在心中自有轻重主次之分。这种在心目中的主次、轻重的排列次序就构成了价值观体系。价值观和价值观体系是决定人行为的心理基础。在同一客观条件下，具有不同价值观的人会产生不同的行为。比如在同一环境里，有人注重职位，有人注重工作成就，这就是价值观不同所导致的。

价值观作为一种观念的价值体系，又是由不同维度、不同层次的子系统构成的。从主体角度看，价值观包括个体价值观、群体价值观和社会价值观；从客体角度看，价值观包括物质价值观和精神价值观；从在社会生活中发挥职能的基本领域看，价值观包括经济价值观、政治价值观、文化价值观（包括道德价值观、审美价值观、宗教价值观、人生价值观等）和生态价值观；从价值观的外在表现和状态看，价值观包括积极价值观和消极价值观；从价值观的历史演变看，价值观又包括传统价值观、当代价值观和未来价值观；从价值观在一定社会中所处的地位和发挥的作用来看，价值观包括一般价值观和核心价值观。

三、核心价值观

任何一个社会都存在着多种多样的价值观，它们反映了社会多样的文化传统以及人们多样的生存条件、活动方式和利益等。随着市场经济、全球化以及科学技术的大发展，价值观的多样性成为一个显著的事实。但是，在这种多元的价值观格局中，总有一种价值观处于主导和支配地位，这就是核心价值观。

核心价值观，顾名思义，就是一个社会中居统领地位、起支配作用的价值理念，是一个社会形态长期普遍遵循的、相对稳定的根本价值准则，是一个社会的价值观、价值体系和核心价值体系的灵魂。核心价值观处于一个社会所有价值观的核心地位，它首先是一个社会的主流价值观，对社会上一切价值观起着规范、引领、匡正的作用，是社会意识形态的本质体现，是一种社会价值观的根本性规定，体现了经济社会发展乃至时代进步的必然要求，决定了一个社会的发展方向和根本价值内涵，这是核心价值观与一般价值观的根本区别。

在任何社会的价值观体系中，各种价值观的地位和作用并不相同，有些价值观处于主导地位，有些价值观处于从属地位。处于主导地位的价值观即核心价值观，提供了该社会主导的价值原则、价值规范和价值理想，决定着该社会价值体系的基本性质，发挥着价值导向作用和社会凝聚作用。一般而言，价值导向作用在于明确告诉每一个社会成员，社会核心价值观提倡什么或反对什么，要求人们应当做什么、不应当做什么。说到底，它是一个社会培养什么样的人、倡导什么样的社会风气的问题。当生活在一定社会内的个人做了符合社会核心价值观所倡导的事时，一定社会群体会通过社会评价活动对个体予以肯定和赞赏；反之就会给予否定和批评。社会凝聚作用在于一定的社会核心价值观形成后，对于具有相同价值观的个体具有亲和性和吸引力。人在进行价值选择的过程中，由于其价值主体、评价标准不一，容易形成多元价值观。多元价值观的并存给社会生活中的各个领域树立了多种价值尺度，甚至对于同一事物也存在多种价值评价标准，而且每一种价值标准都可以从各自从属的文化中找出证明其合理的依据，从而导致价值选择上的迷茫。而核心价值观则有助于在社会成员间达成一致的认识和共同的追求，可形成巨大的凝聚力。因此，核心价值观对于社会多元的价值观具有整合力。

需要指出的是，核心价值观是一元的，但并不是单一的，它更多的时候表现为一个体系，比如中国封建社会的核心价值观是仁、义、礼、智、信；欧美资本主义国家的核心价值观是自由、平等、民主、人权；俄罗斯的核心价值观是主权的民主、强大的经济、军事的威慑；新加坡《共同价值白皮书》提倡的五大价值观是：国家至上，社会为先；家庭为根，社会为本；关怀扶植，尊重个人；协调共识，避免冲突；种族和谐，宗教宽容。尽管它们彼此的内涵不同，但并非互相排斥、互相否定的，它们构成了有机的统一体。

一个社会的核心价值观，以一个社会的核心价值体系为基础，是对核心价值体系的高度概括和抽象提炼，是核心价值体系的核心。核心价值体系与核心价值观既有内在联系，又相互区别，但二者在本质上是一致的、统一的。从横向角度看，核心价值体系包含核心价值观；从纵向角度看，核心价值体系是核心价值观的基础和前提，是核心价值观形成和发展的必要条件。核心价值观是核心价值体系的内核和最高抽象，能够决定核心价值体系的基本特征和基本方向。

第二节　社会主义核心价值观的相关理论

厘清社会主义核心价值体系、社会主义核心价值观等不同理论的概念及其关系，是我们研究社会主义核心价值观的理论前提。

一、社会主义核心价值体系

（一）社会价值体系的内涵

任何社会的存在和发展都需要有一定社会价值体系的强力支撑。所谓价值体系，简言之，就是人们关于价值的观念体系，或者说价值观的集合体。不同的价值主体及其价值追求、选择、创造和实现活动往往会形成不同的价值体系，如个人价值体系、群体价值体系、社会价值体系和人类价值体系。有什么样的价值主体，也就有什么样的价值体系。价值主体对于价值体系来说，不仅具有前提意义，而且具有决定作用。它不仅从根本上决定了价值体系的价值本位、价值基础和价值根源，而且也决定了价值体系的性质、内容、目标、结构等。在所有价值体系中，社会价值体系处于中心位置。社会价值体系是建立在该社会基本政治经济制度基础上的意识形态，是价值体系的一种主要类型，是一个社会所追求、信奉和坚持的价值目标、价值理想和价值观念系统。社会价值体系是一个包括核心价值体系和一般价值体系的完整的、内涵丰富的价值观系统。核心价值体系是指在社会生活中居于统治、主导地位的社会价值体系，是一个社会意识形态的本质体现，它能够有效地制约非核心、非主导的社会价值体系作用的发挥，能够保障社会经济、政治、文化等领域的稳定和发展。

（二）社会主义核心价值体系的内涵

社会主义核心价值体系指的是社会主义国家所倡导的核心思想意识和价值观，它以社会主义经济为基础，不仅体现了社会主义经济、政治和文化等领域的要求，同时还揭示了社会主义发展趋势，具有时代性、开放性等特征。2006 年召开党的十六届六中全会，党中央首次提出了“社会主义核心价值体系”这一科学命题。党中央对于社会主义核心价值体系给予了高度关注，指出其在中国的整体社会价值体系中扮演着至关重要的角色，发挥着主导作用，决定了整个价值体系的基本特征和方向。社会主义核心价值体系的内涵明晰而具体，贯穿于社会成员的具体行为和现实生活中，与我们每个人息息相关。它涵盖了四个方面的基本内容，即马克思主义指导思想、中国特色社会主义共同理想、以爱国主义为核心的民族精神和以改革创新为核心的时代精神、社会主义荣辱观。

社会主义核心价值体系的灵魂便是马克思主义指导思想。实践证明，正确的理论指导对于积极健康的社会思潮的形成具有积极意义。我国是社会主义国家，社会主义制度是我国的根本制度，是立国之基。而马克思主义则是我们立党立国的根本指导思想，是社会主义意识形态的旗帜。也就是说，在社会主义核心价值体系中，马克思提供的是科学的世界观，是建设社会主义的理论基础和行动指南，它决定着社会主义核心价值体系的性质和方向。

社会主义核心价值体系的主题是中国特色社会主义共同理想。在中国共产党的领导下，我们共同追求中国特色社会主义道路，致力于实现中华民族伟大复兴的宏伟目标。为了实现中华民族的伟大复兴，无数中华儿女进行了艰苦卓绝的奋斗。

社会主义核心价值体系的精髓在于以爱国为核心的民族精神和以改革创新为核心的时代精神。中国的历史源远流长，在漫长的历史长河中，中华民族形成了以爱国主义为核心的团结统一、爱好和平、勤劳勇敢、自强不息的伟大民族精神。民族精神是一个民族在社会实践中智慧的结晶，包含民族意识、民族心理、民族气质等诸多内容。它是民族文化最本质、最集中的体现，也是时代前进的号角。中华民族的生命力、创造力和凝聚力与时代精神相互交融，共同铸就了中华民族自立自强的精神品格。这种精神品格深深熔铸在社会主义核心价值体系中，成为推动中华民族伟大复兴的精神动力。

社会主义核心价值体系的根基为社会主义荣辱观。一个社会是否和谐、一个国家能否持续健康地发展的影响因素有多个，其中全体社会成员是否具有较高的思想道德素质是重要影响因素。社会主义荣辱观是人们对自己行为的基本看法，在一定程度上体现着人们的世界观、人生观、价值观。社会是由个体组成的，每一个社会成员都要清楚地知道哪些行为是正确的、符合道德和法律的，哪些行为是错误的、违背道德底线的，才能明辨是非，树立正确的价值观，整个社会才能形成良好的道德风尚。我国有十几亿人口，要想实现经济发展、民族兴旺、社会和谐的伟大目标，需要从两方面着手：一是大力宣扬马克思主义，巩固马克思主义在意识形态领域的指导地位，引导党员干部和人民群众树立正确的理想信念；二是深入挖掘中华传统文化的内涵，顺应时代发展的潮流，倡导民族精神，确立人们普遍奉行的价值准则。

社会主义核心价值体系四个方面的基本内容并不是孤立存在的，而是相互联系、相互渗透的，共同构成了一个辩证统一的有机整体，具有结构严谨、定位明确的特征。这就要求我们在建设社会主义核心价值体系的过程中从整体上进行把握，既要坚持社会主义，又要从我国的国情出发；既要对之前的成功经验进行系统总结，又要结合时代精神予以升华；既要反映现实的迫切需要，又要具有一定的挑战性，使人们通过努力可以实现，并最大限度地形成全社会的共识。

二、社会主义核心价值观

社会主义核心价值观就是指在社会主义核心价值体系中起主导作用的价值理念，它在马克思主义理论体系中占据着核心地位，从最深层次回答了社会主义本质属性这一根本问题。社会主义核心价值观是在对全国人民价值取向进行深入调查的基础上得到的有关社会主义核心价值观的共享表达，得到了全国人民的广泛认同，具有时代的感召力和凝聚力。党的十八大报告首次提出了社会主义核心价值观这一理念，具体内容为倡导富强、民主、文明、和谐，倡导自由、平等、公正、法治，倡导爱国、敬业、诚信、友善，积极培育社会主义核心价值观。党的十八大报告所提出的“三个倡导”是党中央结合中国具体国情，以人民群众喜闻乐见的形式对社会主义核心价值体系基本内容进行的精炼概括，是一项重要的理论创新。自党的十八大以来，党中央对社会主义核心价值观的培育和践行给予了高度的关注。习近平总书记曾多次发表重要讲话，并明确提出了相关要求。人类发展实践证明，一个民族、国家要想长久地发展，就必须构建全社会共同认可的核心价值观，这是民族繁荣昌盛、国家长治久安的最深层次的力量。

“三个倡导”有着丰富的内涵，一方面它继承了中华优秀传统文化的优良传统，彰显了现代中国人民不断追求和经历艰辛确立的理想和信念，另一方面它又具有鲜明的时代特征，承载着我们每个人对于美好生活的期盼。“今天，我们提倡和弘扬社会主义核心价值观，必须从中华优秀传统文化中汲取丰富营养，否则就不会有生命力和影响力。”[①] 随着改革开放步伐的不断加快，我国对外交流互动日趋频繁，世界范围内的思想文化涌入中国，同中国传统文化价值体系冲突、交融，思想意识形态呈现出多样化的格局。基于此，积极培育和践行社会主义核心价值观具有重要意义，有助于巩固马克思主义在意识形态领域的指导地位，有助于巩固全国人民团结奋斗的共同思想基础，有助于促进人的全面发展和社会的全面进步，有助于调动广大人民群众的积极性和主动性，能够充分发挥他们的潜能，使之全身心地投入实现中华民族伟大复兴这一征程中。

三、社会主义核心价值观与社会主义核心价值体系的辩证关系

众多专家学者对社会主义核心价值体系与社会主义核心价值观进行了广泛而深入的研究，并对两者的关系进行了清晰的定位：社会主义核心价值体系是社会主义核心价值观形成的基础，社会主义核心价值观在社会主义核心价值体系中居于核心地位，起着不可替代的作用，社会主义核心价值体系的根本性质取决于社会主义核心价值观，社会主义核心价值观反映了社会主义核心价值体系的丰富内涵，是社会主义核心价值体系的高度凝练和集中表达。

（一）具有内在一致性

把握好社会主义核心价值观与社会主义核心价值体系的关系，首先要认识到两者的内在一致性。一方面，社会主义核心价值体系包含社会主义核心价值观。社会主义核心价值体系是融汇理想与现实、核心价值与基本价值的有机整体。社会主义核心价值体系是一个包含丰富内容的多层次体系，既有其核心价值，又有其基本价值、具体价值。核心价值以基本价值、具体价值为基础，是对基本价值和具体价值的高度概括和抽象，对基本价值、具体价值起着统领和支配作用，并蕴含在基本价值、具体价值之中，通过基本价值、具体价值表现出来；而基本价值、具体价值又体现着核心价值，以核心价值为指导和灵魂。社会主义核心价值体系既包含理想性的价值诉求，又体现着现实性的价值要求；既有感召人们不断提升的先进性价值理念，又有大多数人可以接受并实践的广泛性价值体现。在这

① 习近平．在北京大学师生座谈会上的讲话 [N]. 人民日报，2014-5-5（02）[2023-1-6].

个有机的整体中，失去了现实性，价值观系统便无法在现实中生存；失去了理想性，以日常生活遮蔽、取代甚至否定最高价值，人类将永远不能获得最终解放。

另一方面，社会主义核心价值观必须建立在社会主义核心价值体系基础上，社会主义核心价值体系是社会主义核心价值观形成和发展的必要且充分条件。社会主义核心价值观在社会主义核心价值体系中处于核心地位，是对社会主义核心价值体系基本内容的抽象概括，体现社会主义的价值本质。社会主义核心价值观体现了社会主义核心价值体系最本质的特征，决定了社会主义核心价值体系的前进方向。社会主义核心价值观贯穿在社会主义核心价值体系中。

从整体上来说，社会主义核心价值观的发展方向与社会主义核心价值体系发展方向一致，二者都以社会主义制度为依托，均属于社会主义意识形态的范畴，体现了社会主义意识形态的本质要求。不管是社会主义核心价值观还是社会主义核心价值体系都反映了社会主义制度在思想层面上的规定，彰显了中国特色社会主义发展道路中的价值表达，体现了社会主义先进文化的精髓，在实现中华民族伟大复兴中起着价值引领作用。

（二）各有侧重点

正确理解社会主义核心价值观和社会主义核心价值体系之间的关系，需要认识到两者虽然有很多相同点，但仍各有侧重。需要注意的是，相较于社会主义核心价值体系，社会主义核心价值观有如下特点：社会主义核心价值观更加凸显核心要素，强调“三个倡导”，深刻揭示了社会主义核心价值体系的本质，明晰了中国人民普遍认可的价值观念。

相较于社会主义核心价值体系，社会主义核心价值观的表达更加凝练，便于记忆。社会主义核心价值观倡导的富强、民主、文明、和谐、自由、平等、公正、法治、爱国、敬业、诚信、友善，分别从国家、社会以及公民这三个层面出发，阐述了为了推动国家繁荣昌盛，个体应践行的价值目标；为了促进社会的长治久安，个体应遵循的价值取向；为了公民自身的全面发展，个体应遵守的价值准则，是对社会主义核心价值体系基本内容的高度总结和凝练表达，符合大众化的要求，便于深刻阐述和快速传播。

第三节　社会主义核心价值观的主要内容

一、国家层面的价值目标

富强、民主、文明、和谐作为社会主义核心价值观在国家层面的要求，在社会主义经济、政治、文化、社会建设领域分别代表了其中最重要的价值，各有其特殊地位和作用。

（一）富强

富强是国富民强的简称，是社会主义核心价值观的首要价值目标，它包含着人民与国家两大主体的价值诉求。社会主义核心价值观的富强是社会主义现代化国家经济建设的必然状态，是中华民族梦寐以求的美好夙愿，也是国家繁荣昌盛、人民幸福安康的物质基础。

（二）民主

民主的本意是人民当家做主，作为一种价值理念，民主是社会主义的本质属性和内在要求。马克思主义认为民主是有阶级性的，阶级社会的民主不过是统治阶级内部的民主，对广大人民群众来说则只有专政，因而阶级社会的民主是少数人的、虚伪的民主。德国哲学家哈贝马斯认为，资本主义民主只是在形式上保障每一个公民的平等权利。对于社会主义来讲，民主是其本质属性和内在要求。从享有主体来看，社会主义民主覆盖了绝大多数劳动人民，因而是最广泛的民主；从真实性来看，社会主义民主消灭了生产资料私有制和阶级压迫，为广大人民群众平等地行使民主权利创造了可能，因而是真实的民主。当然，社会主义民主的实现也是一个不断进步、完善的历史过程。

（三）文明

文明指由人们的思想水平、政治素质、道德修养、社会风气、行为规则、发展理念所构成的一种精神状态和发展境界，它是社会主义的重要特征。作为一种价值取向，文明主要是指思想上的进步和文化上的先进，它是社会进步和国家发展的重要标志。社会主义文明观主张以人的自由、全面发展为最高价值目标，通过大力发展社会主义先进文化，建设社会主义精神文明，全面提升社会文明的水平。

（四）和谐

和谐是中国特色社会主义的本质属性。从字面上看，和谐是指人人有饭吃、人人能说话，意指经济发达、政治民主这样一种社会状态。从哲学上讲，和谐指事物协调、均衡、有序的发展状态。和谐社会就是说社会系统中的各个部分、各种要素处于一种相互依存、相互协调、相互促进的状态。其主要内容为人与人的和谐、人与社会的和谐、人与自然的和谐。社会和谐是古今中外人们都向往和追求的理想社会状态，但是在生产力水平低、阶级压迫的状态下，和谐是无从谈起的。为了解决基本的生存问题，人们不得不向自然界开战，过度的索取往往导致自然界加倍的报复。由于私有制的存在，阶级压迫和阶级斗争成为社会发展的常态。只有进入共产主义社会，社会和谐才有可能真正实现。由于共产主义消灭了生产资料私有制，也就从根本上消灭了阶级压迫的根源，人与人之间才有可能维持和谐的关系。要深入学习习近平新时代中国特色社会主义思想，大力发展生态文明，最终实现人与自然的和谐共处。

二、社会层面的价值目标

自由、平等、公正、法治是社会主义核心价值观在社会层面上的价值取向，是立足于社会集体层面对社会主义核心价值体系的高度凝练，它对于激发社会活力、促进社会发展具有特殊的意义。

（一）自由

自由是一个内涵丰富的概念，在生活中，自由往往是指摆脱束缚、无拘无束的自在状态。在政治哲学中，自由又常被用来指代国家赋予公民的权利。西方国家把自由作为普世价值观的第一条加以推广，殊不知这种自由是打了折扣的自由，或者更确切地说是一种虚伪的自由。表面上看，资本主义国家的公民都是自由的，法律保障每一位公民的权利不受侵犯，但私有制和阶级压迫的存在对于占人口绝大多数的工人阶级来说，可以有不被资本家剥削的自由，但却无权选择不被整个资产阶级剥削的自由。资本主义自由对于工人阶级来说只能是戴着“脚镣”舞蹈。

反观社会主义把构建自由人联合体作为奋斗目标，把每个人的自由发展看成所有人自由发展的先决条件，能够实现最广泛、最全面的自由。

（二）平等

平等是指人们在经济、政治、文化等方面享有同等的权利，主要包括权利平等、机会平等以及结果平等。社会主义核心价值观所倡导的平等，是通过平等的社会机制和价值引导，既保障公民个人享有平等的权利，也保障每个人基于社会贡献所应当得到的权利、利益和尊重。坚持法律面前人人平等，任何组织和个人都没有超越宪法和法律的特权。由于社会主义消灭了私有制和阶级压迫，人与人之间不仅在政治上是平等的，而且在经济上也是平等的。资本主义虽然也强调平等，但主要是指政治上的平等，由于资产阶级占有生产资料，广大工人阶级只有靠出卖自身劳动力才能维持生存和发展，因而在经济上是不平等的。根据历史唯物主义的观点，经济基础决定上层建筑，没有经济上的平等，也就没有真正意义上的政治平等。

（三）公正

公正，即公平、正义，公平主要指权利公平、机会公平、规则公平以及分配公平等，正义主要指制度正义、形式正义以及程序正义等。社会主义核心价值观所倡导的公正，是加快建立以权利公正、机会公正、规则公正为主要内容的社会公平正义保障体系，力求营造公平正义的社会环境，从而在更加公平正义的基点上造福全体人民。中国共产党自创建之日起，就将实现和维护社会公正作为己任。中华人民共和国成立后，毛泽东同志提出公私兼顾、劳资两利以及城乡互助等观点，蕴含着公正的思想。邓小平同志认为，只有社会主义才能消除资本主义和其他剥削制度所必然产生的种种贪婪、腐败和不公正现象。可见，公正是中国共产党一以贯之的价值追求目标。

（四）法治

法治，即法的统治，与人治、德治相对。法治主要包含形式意义的法治和实质意义的法治。形式意义的法治强调依法治国、依法办事的治国方式、制度及其运行机制；实质意义的法治强调法律至上、法律主治、制约权力、保障权利的价值、原则和精神。法治是形式意义的法治和实质意义的法治的统一体。社会主义核心价值观所倡导的法治是坚持党的领导、人民当家做主和依法治国的有机统一，要求建立健全全社会学习、遵守、维护、运用宪法的制度，始终坚持法律面前人人平等，让遵法守法成为一种良好的社会风气和自觉的行为习惯，让人民群众在法治社会中享受到自由、平等和公正。

三、公民层面的价值目标

人民群众是社会主义的建设者，同时也是社会主义核心价值观的践行主体。爱国、敬业、诚信、友善是从当代公民的政治、经济和社会生活提炼而来、与中国文化传统的理想人格一脉相承的价值理念，因而是我国公民的基本价值准则。

（一）爱国

爱国作为公民的一种情感归属，反映了个人对国家的依存关系。爱国不是抽象的，而是具体的，爱国就要爱祖国的大好河山和历史文化，爱自己的骨肉同胞，离开了这些去抽象地谈论爱国是毫无意义的。爱祖国就要把国家和人民的利益放在首位，心系国家的前途和命运，为实现中华民族伟大复兴“中国梦”贡献力量。爱国具有时代性，在古代主要表现为忠君，在近代主要表现为唤醒中国这头“睡狮”，在现代则主要表现为建设中国特色社会主义。当今的爱国主义要排除狭隘的民族主义，要尊重他国体制，要学习国外的先进经验，要理性、合法地表达爱国热情。爱国的这种责任与情怀，在当今社会能有效引导和规范社会价值观的培育。爱国这一基本价值观统摄和规范多元价值的发展及其影响；也能整合社会力量，让多元价值、多元主体在爱国中戮力同心，在社会主义道路上坚定自信地前行。

（二）敬业

敬业是职业道德的集中体现，是展示劳动尊严的基本前提，是证明社会价值的有力证据。任何社会的生存与发展都离不开众多劳动者的辛勤工作，所有国家都把敬业列为公民基本道德规范之一。判断一个公民是否敬业，关键看两点：首先，公民是否热爱本职工作。只有公民发自内心地热爱本职工作，才会在工作中迸发出创造热情，进而为社会提供更多的高质量的劳动成果，社会才会因之得以进步。反之，如果一个社会因为制度设计的缺陷或其他原因导致劳动者普遍丧失工作热情，在岗位上敷衍塞责，长此以往，社会必将丧失生机与活力。其次，公民是否做到勤勉努力。要想干好工作，只有热情还不够，还需要持之以恒地勤勉付出。

（三）诚信

诚信包括诚与信两个方面。诚有两层意思：一是真实，即忠实于事物本来面貌，不因个人利害关系进行歪曲取舍；二是诚恳，即忠实于自己的内心，不因惧怕付出某种代价而去扭曲自己的内心。信从字面看是指一个人要说话算数，要对自己的承诺负责，言而有信。诚与信两者不能直接等同，诚是一种内在的德行和修为，强调的是静态的真实；信是一种外在的确认和表达，强调的是动态的坚守。诚与信之所以往往连用，是因为两者之间有着非常紧密的关系。内在的德行与修为只有通过外在的言行才能加以反馈和确认，而外在的言行没有内在的涵养作为支撑也难以持久。因此，诚是信的基础，信是诚的结果。诚信不仅是中华民族的优良传统，同时也是构建社会主义和谐社会的基本要求。对于公民个人来讲，没有诚信，将一事无成；对于整个社会来说，失去诚信，整个社会的根基将被摧毁。坚守诚信品质能使公民免受不良风气的侵蚀，提高社会信任度，促进社会信用机制的建立，能在源头上防止由社会信任缺失引发的一系列问题的出现，从而使社会能以低成本运行。

（四）友善

友善的本意是朋友之间亲近和睦，它的内在包含三个维度：与己友善、与人友善、与自然友善。与己友善，主要是指心灵的和谐，不干违心的事，这是消除焦虑、缓解压力的不二法门；与自然友善，主要是指人类要对自然抱有敬畏之心，不要盲目开发自然，更不要人为破坏自然，而要在与自然和谐相处中探寻人类可持续发展的途径。社会主义核心价值观强调的友善主要是与人友善。与人友善并非一团和气、息事宁人、粉饰太平，而是基于理解与包容的一种开明的心态与豁达的气度。与人友善的前提是平等待人，而不是因人而异；友善的直接体现是助人为乐，友善并不要求公民在超出自身能力范围之外关心他人，而是指在力所能及的范围内帮助他人解决问题；友善的最高境界是待人如己，成人之美。

上述三个层次的核心价值观相互联系、相互贯通，集中体现了国家、集体和个人在价值目标上的统一，体现了国家目标、社会导向和个人行为准则的统一，是马克思主义价值理论中国化的最新成果。

第四节　社会主义核心价值观培育的意义

一、政治意义

培育和践行社会主义核心价值观与中国特色社会主义发展要求相契合，体现了社会主义本质。培育和践行社会主义核心价值观，是不断增强社会主义吸引力和凝聚力的必然要求，对于坚定不移地走中国特色社会主义道路具有方向性的政治意义。

（一）中国特色社会主义的目标导向

中国特色社会主义既遵循了科学社会主义基本原则，又根据时代条件表现出了其鲜明的中国特色，以全新的视野深化了对共产党执政规律、社会主义建设规律、人类社会发展规律的认识，从理论和实践结合上系统回答了在中国这种人口多的东方大国需要建设什么样的社会主义、怎样建设社会主义这两个根本问题，能够使我国快速发展起来，使我国人民生活水平快速提高起来。实践充分证明，中国特色社会主义是当代中国发展进步的根本方向，只有中国特色社会主义才能发展中国。培育和践行社会主义核心价值观，需要紧紧围绕坚持和发展中国特色社会主义这一主题来进行，从而为中国特色社会主义构建价值之魂。

1.中国特色社会主义道路是中国人民的必然选择

纵观中国共产党领导中国革命的历程，可以发现这样的规律：始终坚持马克思主义与中国革命实践相结合，这是中国共产党智慧的结晶。新民主主义革命时期，毛泽东同志对以往革命经验进行了深刻总结，从中国具体国情出发，实现了马克思主义与中国革命实践的首次结合，形成了毛泽东思想，走农村包围城市的革命道路，最终取得了新民主主义革命的胜利，成立了中华人民共和国。无论是在与封建主义、帝国主义、官僚资本主义做斗争的新民主主义革命过程中，还是在社会主义建设的过程中，中国共产党始终坚持以马克思列宁主义为指导思想，代表最广大人民群众的根本利益，为了人民群众的美好生活而不懈努力，可见中国共产党是无产阶级政党，这一点是毋庸置疑的。革命的过程并不是一帆风顺的，在漫长而艰辛的革命历程中，中国共产党始终紧紧围绕马克思主义理念，并将其融入中华优秀传统文化中，坚守立党为公、执政为民的信念，始终坚持人民群众的主体地位，对影响人民群众生活质量的民生问题给予高度关注，贯彻全心全意为人民服务的宗旨。同时中国共产党高度重视精神文明建设，以提升人民群众的自信心和民族凝聚力为抓手，将社会主义核心价值观作为主流价值观，通过会议、培训等多种形式引导广大党员干部领会社会主义核心价值观的深刻内涵，并借助电视、广播、网络等途径向广大民众宣传社会主义核心价值观，使之深入人心。伴随着中华人民共和国的成立，中国的社会性质和社会任务发生了改变，中国共产党通过公私合营、社会主义改造等方式使得中国由新民主主义社会发展为社会主义社会，实现了中华民族历史上最深刻的社会变革。中国确立的社会主义制度，坚持以马克思列宁主义、毛泽东思想为指导，以人民民主专政为国体，以人民代表大会为政体，以人民群众为中心，彻底地实现了广大人民群众的民主权利，使其真正成为当家做主的主人。自 1956 年起，中国共产党开始深入探索中国自身的社会主义建设之路，为了满足人民群众日益增长的物质文化需求，在经济、政治、文化等领域掀起了建设社会主义的浪潮，经过全国人民的共同努力，中国建设了一大批工业基地，人民群众的生活水平不断提高。1978 年，中国共产党召开了第十一届三中全会，成功纠正了思想上的错误，将重心转移到经济建设上来，并作出了改革开放的伟大决策，为中国的现代化进程注入了强劲的动力。自此中国共产党领导全体中国人民逐步踏上了中国特色社会主义道路，并致力于实现中国的现代化和民族复兴的伟大使命。经过多年的奋斗与改革，中国无论是在政治、经济还是在文化、艺术等领域都发生了深刻的变革。纵观改革开放 40 多年的发展历程，我们能够发现一些与人民息息相关的关键词，如始终坚持为人民服务、结合中国特色社会主义这一基本制度确立了社会主义市场经济、崇尚集体主义和爱国主义、倡导以人为本以及主张构建人与人、人与自然和谐相处的社会，强调创新意识和创新思维、开展西部大开发，缩小贫富差距，实现共同富裕，推崇平等、正义、法治等概念，这些关键词彰显了在这一阶段社会主义核心价值观的基本构成元素。中国特色社会主义事业正在蓬勃发展，在中国共产党的带领下取得了长足进步。

2.中国特色社会主义道路是中华民族的兴国之宝

经过40多年的不断探索、发展和总结，中国已建立起了适应本国国情的中国特色社会主义理论体系和制度框架，走出了一条符合中国国情的社会主义发展道路。中国特色社会主义就是中国共产党在深入研究马克思主义的普遍真理的基础上，认真分析中国改革开放的具体实际，并将二者有机地结合起来，所形成的一条符合中国国情、具有中国特色的社会主义。中国特色社会主义事业已经取得了极为显著的成就，并创造了令人瞩目的历史奇迹。这充分证明了中国所选择的社会主义道路符合中国的国情和民族复兴的需要，是一种科学的社会主义发展模式，在继承、发展和创新科学社会主义的基础上，为人类社会进步作出了杰出的贡献，独具一格，无与伦比。中国高举中国特色社会主义旗帜，明确提出社会主义核心价值体系和社会主义核心价值观。中国特色社会主义不仅在道路、理论、制度和文化方面表现出自信，而且在价值和目标方面也展现出了独特的自信和追求。自改革开放以来，党和国家领导人始终秉持着开放的态度，积极融入世界文明发展的大势之中，以唯物辩证法为指导，汲取人类文明和中华民族文化中的卓越成果，不断从价值的角度发展和创新中国特色社会主义。在不同时期，党领导人民探索出许多富有时代特点的新论断新思想，形成了各具特色的社会主义核心价值观。例如，胡锦涛在党的十六大报告中提出了以人为本的科学发展观，倡导人的全面发展，强调社会的公正和正义；以习近平同志为核心的党中央提出了建设美丽中国的主张，强调构建富强民主文明和谐美丽的社会主义现代化强国，实现中华民族的永续发展。随着社会的发展，这些思想得到了进一步丰富和完善。提炼和阐明社会主义核心价值观的主要内容，彰显出中国共产党对中国特色社会主义的认识从理论层面、制度层面、道路层面上升到价值层面，使得它成为巩固国家根基、振兴国家的重要财富。

3.全民践行社会主义核心价值观

中国特色社会主义的发展离不开中国共产党的领导，中国共产党在中国特色社会主义事业中处于核心地位，指引着中国特色社会主义的发展方向。实现共产主义是党的最高理想和最终目标。中国共产党作为我国的执政党，必须确立一种引领全党全社会思想和行为的核心价值观，以确保我国长期稳定发展。只有在社会主义核心价值观建设得到充分推进的情况下，党才能够蓬勃发展。相反，如果未能对社会主义核心价值观建设予以重视，党就会失去生机与活力，沦为固化且过时的形式。作为一个发展中国家，我国必须抓住机遇，以更快、更好的方式推进自身的发展，同时也必须长期应对发达国家在经济、科技等方面的竞争优势。这一趋势不仅对我国的生产力发展和生产关系变革产生了直接影响，而且对我国社会成员的思想观念、行为方式和价值取向产生了深远而广泛的影响。我们需要不断激发人们的机遇意识、发展意识、改革意识和自主创新意识，以积极的思想观念推动体制和制度的创新，从而增强社会主义意识形态的时代凝聚力和影响力。建设中国特色社会主义，需要全体公民积极培育和践行社会主义核心价值观。

（二）社会变迁的价值指南

确立社会主义的价值取向是中国人民在近代社会变迁中的一大壮举。近代以来，中国社会经历了剧烈的变动，一百年之内发生了几次重大革命。从辛亥革命结束封建专制统治，到中国共产党领导人民建立中华人民共和国从而建立社会主义制度，再到改革开放开辟中国特色社会主义道路，社会的变动决定了社会价值观也经历了一个变更、融合和演进的过程，从封建主义到半殖民地半封建社会带有一定资产阶级性质的社会价值观，到中国共产党人革命的价值观，再到社会主义的价值观，我国社会的价值观不断演进，价值观也成为社会变迁的指南针。

1.社会主义价值取向的现实指引

实践证明，只有社会主义才能救中国。中国共产党带领人民进行了艰苦卓绝的斗争，实现了中华民族的解放，建立了中华人民共和国，确立了社会主义制度及其价值观的主导地位。中华人民共和国的成立是世界历史上的一件大事，中国的历史也开始进入一个新纪元。中华人民共和国成立标志着中国结束了一百多年来被侵略和被奴役的屈辱历史，真正成为独立自主的国家。中国成为世界上又一个社会主义大国，壮大了世界和平和社会主义阵营的力量，也鼓舞了世界上被压迫民族和人民争取解放斗争胜利和建设社会主义国家的信心。中国人民之所以选择走社会主义道路，是因为社会主义坚持没有阶级剥削、没有压迫、人人平等，人人都能得到自由全面发展，这一做法致力于探索建立人民当家做主、公平正义的社会制度的现实途径。中国共产党坚持把马克思主义同中国实际相结合，指导中国革命、建设和改革不断走向胜利，实现了民族独立和人民解放，把一个贫穷落后的旧中国建设成为人民生活总体上达到小康水平、正在蓬勃发展的新中国。改革开放是20世纪后期中国社会发生和经历的最大变革。改革开放是巨大的社会变革，对人们原有的价值观产生了极大的冲击。新的生活方式需要新的价值观念来引导，社会主义核心价值观是新时期中国人民的价值信仰和行动指南。

2.社会主义价值取向的鲜明活力

改革开放提高了生产力的发展水平，改善了人们的物质生活水平，也促进了社会的全面发展。改革开放是巨大的社会变革，对人们原有的价值观产生了极大的冲击。对外开放打开了国门，人们在对比中看到了中国的贫穷和落后，20世纪80年代后期出现了“出国潮”。1992年邓小平南方谈话后，进一步打开了改革开放的格局，明确提出了建立社会主义市场经济制度的目标，提出了“发展才是硬道理”的经济发展思想。20世纪90年代，在市场经济体制改革展开、经济快速发展的背景下，许多人纷纷下海经商，又掀起了一股“下海潮”。随着国门的打开，体现西方文化的一些价值观被传播到国内。这些价值观有积极的一面，如讲究公平竞争、注重效率和法制建设等，但也有消极的一面，如金钱的作用被无限放大。消极影响在一定程度上造成了人们的道德迷失和价值迷惑，甚至形成了价值危机。应对这些消极价值观对人们思想的侵蚀，我国需要发挥社会主义核心价值观的指引作用，用社会主义核心价值观的强大凝聚力来帮助广大人民群众走出价值误区。经过几十年的改革开放，我国综合国力大幅增强，国际地位稳步提升，人们的物质生活水平得到了显著的改善和提高。社会主义核心价值观在中国社会深刻变化、不同价值观冲突的历史形势下，发挥着其强大的精神凝聚作用，引领全国人民有力抵抗了腐朽价值观的侵蚀，保证了人们价值取向的正确和社会的稳定发展。实践证明，社会主义核心价值观具有强大的生命力，在社会主义建设过程中，我们要继续加强和巩固社会主义核心价值观的价值引领作用，促进其发挥价值主导作用，使之成为新时期社会价值认同的基础和社会变迁的价值指南。

（三）加强道德建设的有力依据

培育和践行社会主义核心价值观作为党的十八大提出的一项重大战略任务，

体现了党在新的历史条件下培育和践行社会主义核心价值观的高度自觉。我国是发展中国家，又处在前所未有的大变革、大发展时期，尤其离不开用强大的精神支柱和基本的道德规范来统一思想、凝聚力量的做法。一个国家和社会，除了为其国民提供繁荣发达的经济基础之外，还要为国民树立和弘扬积极、健康、科学的价值观，满足他们精神上的追求和享受。一个社会的文明、稳定和进步，需要每一个社会成员的理性思考和行动，需要用一套科学的价值观来引导和规范每一个社会成员遵守文明的秩序和公共行为准则。

1.当前的道德秩序急需规范

中华民族向来是一个重道德、讲诚信的民族。孔子在《论语·颜渊》中曾说:“自古皆有死,民无信不立。”周人最早提出“明德慎罚”“为政以德”的理念。唐朝时《唐律疏议》最终确定了“德礼为政教之本，刑罚为政教之用”的德治方略,并为以后历代所尊崇。以德为先、诚实做人、一诺千金、与人为善、出入相友、守望相助，一直是我们这个民族和社会的优秀美德。但是，改革开放中市场经济的消极作用和外来文化的冲击导致一部分人的思想和价值观发生了变化，少部分人出现道德堕落、观念扭曲、行为无德的情况。整个社会价值秩序急需一套系统的、科学的价值观来加以引导和扶正。

2.现实社会需要科学价值观的指引

经济结构的变化会引发意识形态领域的革新。伴随着改革开放进程的不断加快，我国的经济领域发生了显著的变化，与此相对应的，意识形态领域也发生了深刻变革，如人们的思想观念、价值取向，乃至工作方式和生活方式都发生了根本性改变。特别是在确立社会主义市场经济体制之后，人们的思想活动和行为方式变得更加自由、多变。受遗传、教育等因素的影响，个体面对日趋激烈的市场竞争和日益复杂的社会经济关系时会呈现出不同的反应方式，呈现出多样化的特征。改革开放的40多年，中国取得了卓越成绩，经济飞速发展，人们的生活水平不断提高，但同时也产生了一些新情况、新问题，如贫富差距扩大，城乡、地区和部门的发展不平衡，不同行业、不同群体之间的差距也越来越明显，即使在同一地区、同一行业中，发展不均衡问题依旧存在，其差距也较为明显。

一个民族、一个国家的文明与成熟程度可以从其所处社会的文明水平和成熟程度中得到体现。社会是由个体成员组成的，个体是社会的基石，社会文明程度的不断提升有赖于全体社会成员道德修养水平的提高。中国要想构建充满文明气息的和谐、进步社会，在很大程度上取决于公民的高尚情操和积极进取的思维与行为。有关研究表明，科学的价值观能够为每个社会成员提供指引和规范，能够帮助他们处理好个人与他人、个人与社会的关系，从而实现社会的良性发展。

二、现实意义

（一）全面深化改革的强大正能量

社会主义核心价值观是全面深化改革的推进器。全面深化改革这场伟大变革所产生的思想观念变革是极其广泛而深刻的。面对传统的思想观念经受考验、新生的思想观念竞相表现、各种思想观念相互碰撞、思想观念变革和发展的程度空前活跃与激烈等各种现实状况，要充分利用积极的思想变革效应，避免和消除消极影响。以核心价值观引领社会思潮，则能够最大限度地引导广大干部群众把个人价值追求转化为国家和社会的共同价值取向，更好地达成共识、形成合力，从而成为全面深化改革的强大正能量。

1.深化改革的精神纽带

当前，中国正处于发展的新阶段，改革的进程正面临着攻坚期的至关重要的历史时刻。在过去的改革开放中，中国社会经历了翻天覆地的变化。随着经济体制和社会结构的改变，人们的思想观念、思想意识也发生了深刻的变化，人们的价值观念、生活方式呈现出多元化且不断变化的特征。在全球经济一体化的大背景下，和平与发展成为时代主题，为了迎合时代发展的潮流，我国社会主义市场经济改革已成为必然的战略选择。社会主义市场经济不仅是促进生产力发展的途径和形式，更是推动社会主义经济体制改革和发展的重要途径。在规划改革的顶层设计时，党中央必须集中精力解决一个重要问题，即如何最大限度地凝聚改革的共识，形成最强的合作力量，进而取得最大的成效，实现生产关系和上层建筑的深刻变革。深化体制改革的过程中必然面临一系列问题以及前所未有的挑战，这就要求我们深入研究经济市场化改革所带来的变革，如经济结构日趋多元化，社会结构日益多样化，就业方式和生活方式也将朝着多样化的方向发展，多样化将成为社会经济等领域的典型特征和发展趋势，要在多样化发展中进一步丰富和发展以改革创新为核心的时代精神，最大限度地利用市场化改革所产生的积极的思想变革效应。同时，我们也需积极消除市场经济所带来的对社会成员思想观念和价值取向的消极影响，特别是因自发性和功利性而产生的消极影响。毫无疑问，社会主义核心价值观的提出和总结是为了应对这一重大问题而制定的长期规划。社会主义核心价值观的基本内容从国家、社会及个人这三个层面出发，分别阐述了不同阶层和社会群体应遵循的价值取向，不仅为改革开放提供了价值目标，同时还为中国特色社会主义建设提供了价值导向和基本原则。我国运用通俗易懂、简洁易记的语言将社会主义核心价值观快速传播到社会中，使其得到了人民群众的接受和认可，进而使得复杂多元的社会意识得以统一、多元的价值观念得以整合，为深化改革提供了强大的精神支持。

2.引领社会前行

改革开放以来，在推进中国特色社会主义建设的历史进程中，我们注重将“社会主义”和“市场经济”紧密结合起来，具体表现为，以马克思主义为指导思想，始终坚持社会主义发展方向，结合中国国情，探索建设以实现社会主义为目的的市场经济模式，充分发挥市场在经济建设中的主导作用，构建以市场经济为基础的社会主义制度体系，不断开拓进取，在实践中开辟新的道路。历史实践证明，核心价值观在国家和社会发展中起着不可估量的作用，任何一个国家或地区想要持续、健康地发展，就必须高度重视自身核心价值体系的完善。任何社会的发展都离不开社会共同体的奋斗，而核心价值观就是构成社会共同体的思想基础，只有社会共同体有着一致的核心价值观，社会系统才能够正常运转。可以说，核心价值观是社会制度确立的根本精神支柱。近年来，中国崛起已成为全球热议的话题，我国的崛起不仅关乎经济总量的增长，而且是社会制度和社会形态的崛起，预示着中国文化传播力度的进一步扩大，中国的价值观得到了更多国家和人民的接受、认可。实际上，中国在建设中国特色社会主义的进程中不断总结经验，构建了符合中国国情的核心价值观，包括以人民为主、尊重人民群众主人翁地位的民主价值观，注重平等和公正的自由价值观，以及倡导人与人之间和睦相处、不同文化共存的和谐价值观。有关资料表明，社会主义核心价值观是一种先进的核心价值观，它是社会实践的产物，对其进行提炼总结并运用到社会主义建设中，有助于我们全面提升发展理念，引领中国特色社会主义的前进方向，同时也有助于提升我们的价值自觉和自信心，让我们的价值旗帜在改革开放和社会主义现代化建设进程中高高飘扬。

（二）实现中国梦的价值导向

党的十八大以来，习近平总书记发表了一系列重要讲话，提出了实现中华民族伟大复兴中国梦的重要战略思想。实现中华民族伟大复兴的中国梦，必须有广泛的价值共识和共同的价值追求。这就要求我们持续加强社会主义核心价值观建设，凝聚起实现中华民族伟大复兴的精神力量。

1.社会主义核心价值观是实现中国梦的思想保证

对于一个国家、一个民族来说，形成价值共识、促进价值认同是其生存发展不可或缺的基本功课。在中国长达两千多年的封建社会中，存在以“仁义礼智信”为核心的价值观。随着历史车轮不断前行，这种价值观渐渐不再适应时代和社会的发展需要，中国从经历辛亥革命“民有、民治、民享”，到“五四运动”“民主与科学”重建中华民族核心价值观的尝试，最后到中华人民共和国成立后，特别是改革开放后，党在价值观的探索方向上付出了巨大的努力后，最终探索出适合自己的社会主义核心价值体系，走上了一条不断创造“中国奇迹”的中国发展之路。这是中华民族五千多年历史不断沉淀而逐步形成的价值体系，是中华民族共同的信仰和精神支撑。因此，我们要在尊重历史的基础上，去伪存真，与时俱进地把社会主义核心价值观与中国发展相统一，最终形成强大的价值力量，继续为亿万中国人民筑梦、追梦和圆梦。任何宏伟理想的实现都需要漫长的时间和不断的努力，不可能一蹴而就。实现中华民族伟大复兴的中国梦，必然是一个漫长而充满挑战的旅程，需要我们不断探索和创新。社会主义核心价值观是中国特色社会主义所必须贯彻的基本价值观，具有如下意义：首先，社会主义核心价值观的提出将中华民族伟大复兴这一远大理想转化为具体价值追求，便于人民群众理解和接受；其次，它将个体和集体、整体的利益追求更加紧密地联系在一起，明确了不同社会阶层、群体、个体的价值目标，为国家治理提供了合适的价值标准；再次，它要求公民紧跟时代潮流，不断提升自身的文化修养和道德品质，凝聚了国家、社会及个人三个不同层面的价值认识，在一定程度上反映着人们对美好生活的向往和诉求，同时也成为构建和谐社会的根本准则。随着经济全球化的进程不断加快，西方多种文化思潮冲击着我国传统价值体系，社会思想意识日趋多样化，社会主义核心价值观作为我国现代价值体系的“基础共识”，有助于将多样化的意识形态整合起来，能够激励人民群众积极投身于改革开放进程和实现“中国梦”的实践活动，有助于促进经济持续、健康发展，有助于社会和谐稳定。可以说，社会主义核心价值观是实现中华民族伟大复兴的重要支撑。

2.社会主义核心价值观是实现中国梦的精神源泉

中国梦是无数中华儿女长久以来的美好愿望和期盼的结晶，体现了中国人民和中华民族的最根本、最共同的利益，同时也是民族、国家整体利益与个人利益的完美统一。中国梦由中华儿女的理想一步步转变为现实，也意味着社会主义核心价值观正逐渐深入人们的生活，扎根于人们的思想、情感，并最终转化为推动经济社会发展新实践的力量。一个没有梦想的民族，注定是没有希望的民族；一个没有核心价值观的民族，又何谈实现自己的梦想？中国梦是一个伟大的梦想，这个梦想离我们并不遥远，中国梦的实现离不开社会主义核心价值观的践行。中国梦凝聚着每一位中华儿女的希望。“富强、民主、文明、和谐”为我们勾勒出国家建设的美好蓝图；“自由、平等、公正、法治”是我国社会发展的追求目标；“爱国、敬业、诚信、友善”是对每个公民的具体要求。这些为我们指明了实现中国梦的道路。认真践行社会主义核心价值观更应该成为每一位中华儿女的自觉行为。

三、战略意义

（一）先进文化建设的方向灵魂

党的十九大报告指出，要加强国际传播能力建设，生动传播中国故事，真实呈现多方位、多角度的中国，提升国家文化软实力。社会主义核心价值体系是国家兴旺发达的根基，彰显着中国特色社会主义的文化底蕴，对于引领国家发展具有重要的方向指引作用。从某种意义上来说，社会主义核心价值观在文化建设中扮演着不可或缺的灵魂角色。文化的核心是价值观，而社会主义核心价值观就是文化的根本价值取向和精神支撑。文化的力量源于内部核心价值观所带来的影响和吸引力。文化软实力角逐，本质上是各种文化核心价值观的竞争。社会主义核心价值观这一概念的提出，意味着当代中国对提升国家文化软实力具备一种自觉。

社会主义核心价值观是国家文化软实力的核心内容，培育和践行社会主义核心价值观，对于巩固和发展中国特色社会主义、实现中华民族的伟大复兴、提高国家文化软实力、增强和壮大综合国力具有重要的战略意义。

1.社会主义核心价值观与文化软实力是“魂”与“体”的关系

文化是人类在改造客观世界过程中创造的精神成果的总和。文化的精神价值是文化的“魂”，是文化思想性的根本体现，是文化引领风尚、教育人民、服务社会、推动发展的力量源泉，是一个民族的精神家园，决定着文化的性质和方向；承载文化精神价值的物质基础和传播形态的是文化的“体”，是文化实现教育功能、以文化人的基本依托，决定着文化精神价值的传播力和影响力。当代中国文化的“魂”，就是社会主义核心价值观；文化的“体”则包括国民教育体系、公共文化服务体系、文化事业和产业体系、文化市场体系以及各种形式的文化产品和服务等。“魂”与“体”相互依存、相辅相成，统一于文化建设的实践中。离开了“魂”，“体”就没有了精神价值的支撑，就会空洞无物，失去吸引力、影响力，甚至偏离正确方向；离开了“体”，“魂”就无所依附，难以传播，文化的精神价值就不可能实现。理清文化“魂”与“体”的辩证关系，有助于我们进一步增强用社会主义核心价值观统领文化建设的自觉性和坚定性。

2.提升文化软实力的关键要素

今天，中华文化得到了更广泛的传播，但中华文化的国际影响力与我国的发展中大国地位和世界渴望了解中华文化的愿望还不相适应。同时，我国目前正处在大发展、大变革、大调整时期，在前所未有的改革、发展和开放进程中，各种价值观念和社会思潮纷繁复杂。中华民族要屹立于世界民族之林，就需要激发我们民族的思想力。我们不能被动地受各种价值观的支配，而应该成为新价值观的提出者和引领者。从世界历史发展看，价值观的竞争，不仅是概念之争，而且是谁引领历史发展趋势、谁掌握文化前进方向的话语权、谁占领文化软实力和道德制高点的争夺。当今世界，在国际交往中我们更应该重视从国家核心利益的价值观层面，积极培育和弘扬社会主义核心价值观，扩大主流价值观的影响力，提高国家文化软实力。软实力的崛起不仅需要先进的社会制度的创制，而且需要先进的核心价值观的提出和表达。为了中华民族的伟大复兴，我们必须着力建设社会主义核心价值体系，而建设这样一个核心价值体系的关键，就是在培育社会主义核心价值观方面有所拓展、有所创新，倡导具有世界历史意义和引领人类社会发展进步的先进的核心价值观，提升中国文化软实力，向世界传播中国的声音，对人类文明作出我们的独特贡献。

3.推动中华文化影响力的根本动力

社会主义核心价值观由三个维度构成：首先，它继承了马克思主义科学的价值理念和追求；其次，它汲取了中华优秀传统文化的精髓；最后，它借鉴和参考了人类共有文明成果中的优秀成分。因而，社会主义核心价值观将从双重角度对提升中国的文化软实力产生至关重要的影响。第一，社会主义核心价值观能提高中华传统文化在世界的影响力。中国历来推崇和谐、文明、诚信、友善等价值理念，它所蕴含的人文精神、道德准则是中华传统文化中重要的组成部分。当前，中国积极倡导社会主义核心价值观，能够有效地弥合西方现代价值观的不足之处，这对于化解国际社会的矛盾与纷争具有十分重要的现实意义，能够让中国在国际社会中获得更多的认可。毫无疑问，这将极大地推动中华传统文化在全球范围内的传播力度，扩大中国在国际社会上的影响力。第二，社会主义核心价值观彰显了中国当代先进文化的现代性、开放性和包容性，体现了其在当代社会中的重要地位。从本质上看，人类社会是一个由不同类型的文化构成的多元文化圈。西方文明孕育了民主、平等、公正、法治等价值观，这些价值观已经成为人类文明的共同遗产。社会主义核心价值观以中华传统文化为基石并汲取了其中的精华部分，同时结合时代精神，吸纳世界文明中的先进成果，构建了集现代性、开放性以及包容性于一体的中国当代先进文化，在中华文化与世界文化的交流与融合中起到了不可忽视的推动作用。总的来说，社会主义核心价值观不仅能够加强国际对中华优秀传统文化的认同感、提升我们的文化自信和自觉，同时也能够显著增强当代中国先进文化在全球范围内的影响。

（二）社会和谐的价值支撑

任何健全的社会都具有稳定和谐的经济、政治、社会秩序，也有着稳定和谐的价值秩序。价值秩序不仅反映着社会的经济、政治秩序，而且通过自身为人们建构有序的世界，促进着社会的稳定与和谐。秩序需要核心，要真正形成价值秩序，就必然需要一种核心价值观来调节与整合多元价值的紧张与冲突，统摄价值生活。

因此，任何一个成熟的社会和文化都会致力于建构和不断强化其核心价值观。中国特色社会主义有着自己的核心价值体系，它是与社会主义基本制度和根本性质联系在一起的，是中国特色社会主义道路的内在精神、中国特色社会主义理论体系的重要内容。社会主义核心价值观揭示了社会主义经济、政治、文化、社会的发展动力，反映了社会主义现代化富强、民主、文明、和谐的发展要求。

第五节　社会主义核心价值观培育的思想和原则

一、必须高举中国特色社会主义伟大旗帜

培育社会主义核心价值观是中国特色社会主义理论建设的有机组成部分，是创造“中国特色、中国风格、中国气派”的马克思主义新形态的新课题。它是社会主义的生命之魂，也是社会主义的精神自我，它彰显了社会主义本质的价值维度，表达了社会主义特有的精神气质。没有社会主义核心价值观上的自觉，我们就不可能真正懂得什么是社会主义。中国特色社会主义核心价值观是在马克思主义中国化理论不断丰富发展、社会主义理论与实践逐步完善的背景下提出来的，是中国特色社会主义理论体系中具有中国特色和时代特征的重要组成部分，它决定着中国特色社会主义的发展方向。

相比于其他社会制度，中国特色社会主义具有全面发展和全面进步的显著优势，主要体现在以下方面：首先，它的各方面制度并不是一成不变的，随着社会经济的发展而不断调整，使政治、经济、文化等各方面制度与社会发展相契合；其次，随着时代的进步，社会主义在精神和价值层面有着不同的体现，这就需要我们不断探索社会主义的本质特征；最后，为了调动人们的潜能，使其积极参与社会实践，社会主义不仅要引导人们树立未来社会物质生活方面的目标，还要不断提升人们的道德情操，明确未来社会精神价值的归宿。当前我国经济社会面临着前所未有的大变局，社会生活呈现出复杂多元的特点，各种思潮不断涌现，提升人民群众的精神境界、增强中华民族的凝聚力成为精神文明建设的重要任务。有关资料显示，培育社会主义核心价值观对于陶冶人们的道德情操有着积极意义。可见，培育和践行社会主义核心价值观是中国特色社会主义的“铸魂工程”，不

仅从价值层面把握了社会主义本质特征，深刻回答了什么是社会主义、如何建设社会主义等诸多问题，还为社会的持续健康发展提供了根本价值遵循。同时，我国各部门在进行制度设计、制定相关法律法规及部署决策时也会以社会主义核心价值观为价值依托，从而确保中国特色社会主义始终沿着正确的方向稳步前进。长期以来，党在探索社会主义建设的道路上历经千辛万苦，同时也在不断加深对社会主义价值取向的理解。

要想培育和践行社会主义核心价值观，我们必须坚持马克思主义，要深刻认识到马克思主义中国化理论成果不仅具有深厚的历史底蕴，还有着巨大的现实价值，要深入挖掘其所蕴含的价值。自改革开放以来，特别是党的十六大之后，党强调在建设中国特色社会主义过程中要将马克思主义基本原理与中国特色社会主义实践相融合，不断推进理论创新，并提出了一系列新思想、新观点、新论断。这些理论成果是马克思主义基本原理同中国特色社会主义实践相结合的产物，包括众多的思想观念、方针原则，属于马克思主义中国化的理论成果的范畴。它们从不同层面、不同角度阐述了社会主义的本质规定，就社会主义的价值追求进行了多维度探讨，体现了党对社会主义本质的最新探索和最新认知。其中一些理论已经为广大群众所熟知，并得到了他们的认同。经济全球化背景下，国际竞争日趋激烈，为了能够在国际竞争中占有优势地位，我们要对马克思主义中国化理论成果进行更加深入的研究，挖掘和整理那些契合时代精神、具有实践指导意义的价值理念，并将它们作为社会主义核心价值观的源头，从而赋予社会主义核心价值观鲜明的时代特色和深厚的理论基础，使之更具备吸引力和感召力。

培育和践行社会主义核心价值观，必须认真研究中国国情，以中国特色社会主义伟大实践为出发点。社会主义核心价值观的形成和发展离不开社会实践，而社会主义核心价值观的落地生根则取决于群众对其认同程度。社会主义核心价值观的显著特征在于其强烈的实践性和广泛的认同性，这两者相辅相成，共同构成了其独特的价值体系。只有以中国特色社会主义伟大实践为基础，以核心价值观为指导，回答实践中提出的理论和现实问题，才能建立起合理的现实基础，并被广泛认可。这就要求我们必须以当前正在进行的工作为中心，紧密结合中国社会发展进步的主题，同时借鉴其他社会主义国家现代化建设的成功经验，始终维护广大人民群众的根本利益，反映他们的价值诉求，并立足于我国经济社会转型时期的时代特征，采用人民群众喜闻乐见的形式提炼社会主义核心价值观，使社会主义核心价值观得到人民群众的广泛认同，让人民群众将之作为指导思想应用到社会实践中，从而推动社会理想的实现。

培育和践行社会主义核心价值观必须以人民群众为主体，调动人民群众的主观能动性，充分发挥他们的创造精神。培育和践行社会主义核心价值观不仅有助于推动社会经济的发展，还有助于提高人的综合素质，实现人的全面发展。人民是真正的英雄，纵观古今中外优秀的文化成果，无一不是人们社会实践的结晶。人民群众中蕴含着无穷无尽的智慧，潜藏着巨大的力量。这就要求我们在培育和践行社会主义核心价值观的过程中，必须坚持以人为本的原则，尊重广大人民群众的主体地位，主动发掘群众中所蕴含的积极向上的思想和精神，引导他们进行自我教育、自我提升，从而构建契合广大民众意愿的新时期社会主义核心价值观体系。要对培育和践行社会主义核心价值观工作给予高度重视，将其作为当前意识形态工作的首要任务，以推广社会主义核心价值体系为目标，充分利用各种时机和场合，营造一种有利于培育和践行社会主义核心价值观的生活场景和社会氛围，使人们以更加积极主动的态度践行社会主义核心价值观。要尊重广大群众在思想意识和价值观方面的差异性，倡导先进的理念，同时也要顾及大多数人的感受。为此，可以采用示范、沟通交流、说服教育和民主讨论等方法，有针对性地解决群众的思想疑虑和困惑。同时要密切关注社会思想变化，针对具体情况采用灵活的应对方式，要加强对社会风气的正面引导，在尊重差异的前提下，扩大社会认同，以包容、开放的心态对待不同的思想观念，求同存异，形成思想共识，从而有效地抵制各种错误思想的侵蚀，让群众避免受到腐朽文化的影响；要推动积极健康向上的主流思想舆论的发展和壮大。

培育和践行社会主义核心价值观是一项长期的工作，各级各部门要深刻认识到其在社会经济进步和人的全面发展中的重要意义，要将社会主义核心价值观作为巩固马克思主义指导地位的战略方针，并要认识到只有积极培育和践行社会主义核心价值观才能始终坚持党的执政地位不动摇；只有积极培育和践行社会主义核心价值观，社会才能和谐稳定，国家才能长治久安。各级各部门要将培育和践行社会主义核心价值观纳入工作规划，将其视为坚定不移地推进中国特色社会主义事业的战略任务，并确保其扎实有效地推进。为了切实增强社会主义核心价值观培育的针对性和时效性，要加强顶层设计，结合国家的战略方针和本地区的实际情况制定科学合理的工作规划，要将长远目标与阶段性要求结合起来，认真组织，统筹协调各方面利益关系，脚踏实地加以推进。

二、培育和践行社会主义核心价值观的原则

伴随着中国经济的蓬勃发展，中国的国力日益强盛，人民的生活质量不断提升。为了提升国民的道德品质，党中央在十八大报告中提出了社会主义核心价值观的理念，倡导富强、民主、文明、和谐、自由、平等、公正、法治、爱国、敬业、诚信、友善。社会主义核心价值观取向有着丰富的内涵，首先，我国是社会主义国家，该理念以满足人们的需求为出发点，彰显了社会主义的政治理念；其次，我国是由众多民族组成的民主国家，各民族人民在漫长的历史进程中创造了光辉灿烂的中华文明，该理念站在推动中华民族繁荣昌盛的角度，体现了中华优秀传统文化的精神追求；最后，随着国际交流的日益频繁，经济全球化已然成为主流趋势，基于中华传统文化与西方文化碰撞、融合的新局面，该理念站在促进世界文明持续发展的高度，体现了对世界文明成果的借鉴。随着经济体制改革的不断深入，中国经济由追求数量的增长向追求质量的提升转型，在这个过程中出现了很多新问题、新情况，而构建具有中国特色的社会主义核心价值体系是解决这些问题的有效途径。面对时代赋予的使命，我们要坚持党的领导，迎难而上，培育社会主义核心价值观。此外，我们必须坚持正确的原则，遵循价值观形成的一般规律，从实际出发去培育、去弘扬、去践行。

（一）坚持历史与现实的统一

社会主义核心价值观具有历史与现实双重属性，是历史与现实的统一。从历史的角度来说，它汲取了我国传统文化中的精髓，是对我国优良价值观的延续；从现实的角度来说，它具有鲜明的时代特色，反映了当代人们的现实生活。可以说，社会主义核心价值观将历史的传承与现实生成完美地融合了起来。以“和谐”这一核心价值观为例，有的学者运用归纳法对中华传统文化中的和谐文化的思想进行了总结，有的学者立足于现实，探讨了和谐文化在当代社会中的价值。众多学者都对和谐文化给予了高度重视，认为虽然儒家和道家的主张有很多差异，但是二者都倡导和谐，如孔子的核心思想中的“仁”就是主张仁爱和谐，道家的代

表人物老子所崇尚的自然同样强调和谐，二者都体现了中华文化“和而不同”的根本特点，社会主义核心价值观中的和谐便是对该观点的继承和发展。在中华文明的演进历程中，和谐文化扮演了重要的历史角色，同时也孕育了我国传统文化中不可或缺的价值观。改革开放以来，中国经济社会有了突飞猛进的发展，党中央提出了建设社会主义和谐社会、和谐世界的主张，这是缩小贫富差距、实现环境保护和生态平衡的重要举措，反映在人们的思想观念上，就形成了和谐的价值观和和谐的价值追求。这不仅体现了人们渴望实现自身全面发展的个人追求，还体现了人们实现国家富强、民族振兴的社会理想。可见，和谐这一核心价值观取向并不是随意提出的，而是党中央深思熟虑的结果，体现了历史与现实的统一。只有以历史为依据来建构社会主义核心价值观，才能真正确立其应有的地位，并在实践中将其贯彻落实。如果离开历史，社会主义核心价值观的血脉和底蕴将会随着时间的推移而逐渐消失；如果脱离现实，社会主义核心价值观便会失去其根基和生命力。因此，为了更好地培育“和谐”这一社会主义核心价值观，使之融入我们的血脉和精神中，我们需要深刻理解历史传统、现实需求和时代要求，并在实践中加以落实。从这个意义上讲，社会主义核心价值观的深刻性在历史与现实相统一的维度中得到了鲜明的体现。

（二）坚持理论与实践的统一

社会主义核心价值观是富有力量的价值观，它是科学理论与社会实践相互融合、相互促进的结果，为社会进步和发展注入了巨大的动力。社会主义核心价值观的培育是一个长期且复杂的过程，它同群众有着密不可分的关系，以群众为本，主张融入群众，从群众中汲取营养，以最大限度地满足群众需要为宗旨。社会主义核心价值观培育的过程中要始终坚持群众路线，不要与人民群众生产生活相脱节。党的十八大报告对于社会主义核心价值观有着清晰的定位，指出人民群众是社会主义核心价值观产生的源泉和根本动力，它以基层群众为主体，对他们最关心的问题进行了总结，对他们的思想进行了提炼、反映，同时要想深刻领悟社会主义核心价值观的内涵，就必须深入群众，与群众的实践紧密结合起来。如果脱离基层群众的利益诉求、价值诉求，这些价值观就很容易成为抽象化、空洞化的概念，不再具有指导意义。社会主义核心价值观的培育包括两方面的内容：一是从群众中来，就是要以群众为本，汲取群众实践生活中智慧的结晶，并将之提升到理论的层面，形成核心价值观，再以这个自觉了的核心价值观去培育主体；二是到群众中去，即使其作为人民群众社会实践和行动的准则，提升人民实践活动的价值观自觉，从而更好地服务人民群众。这里，理论是以人民为中心、代表人民利益的理论，而实践则是人民的实践，是劳动大众为了实现心中的美好生活而不断改造社会的伟大实践。只有理论和实践统一，才能最终达到培育和践行社会主义核心价值观的目的。可以说，社会主义核心价值观的形成是一个理论和实践相统一的过程，需要从群众中汲取力量，最终形成具有向心力和人民性的价值观。这正是社会主义核心价值观具有深厚人民性的根本所在。社会主义核心价值观的人民性在理论和实践相统一维度上可以得到鲜明的体现，这种表现形式是从群众中来、到群众中去。

（三）坚持中国与世界的统一

尽管名称概念相同，但价值观应当具有独立性，其所蕴含的内涵和文化意义也应呈现出独特的中国特色、中国韵味和中国表情。随着社会的发展，文化软实力在国际竞争中的作用日益凸显。如何增强国家文化软实力成为世界各国关注的重点问题。很多国家在建设国家文化软实力的过程中为了与世界文化接轨，忽略了本民族和地区的特色文化，使得国家文化软实力建设走入了同质性建设的误区。事实上，强调差异性建设才是提升国家文化软实力的有效途径。这是因为受地理环境、风俗习惯等多种因素的影响，不同民族和国家形成了独具特色的文化，差异性才是文化软实力的显著特征，如果过于追求同质性建设，那么国家软实力的重要性将大打折扣。有关研究表明，价值观在文化软实力中处于主导地位，构建符合全体国民价值取向的价值观是增强文化软实力的必由之路，民族的核心价值观则是文化软实力的灵魂所在，灵魂的独立性越强，其所具有的生命力也就越发鲜活、旺盛，文化软实力也会愈加强大和坚韧。价值观独立是在继承本民族的优秀传统文化的基础上，吸取全人类优秀文明成果，培育具有中华民族特色的核心价值观。它不仅是价值观自立、自强的必要条件，同时也是其影响世界，为全人类的进步和发展作出贡献的要求。价值观是民族凝聚力的核心。只有在这个内核上，国家认同才能形成合力。社会主义核心价值观在中国与世界相统一的维度主要表现在以下两方面：一是世界范围内的文明元素要想在中国持续、健康地发展必须经历中国化的过程，即被中华民族内化的过程；二是中国的社会主义核心价值观已经跨越国界，融入全球文化体系，为人类文明注入了新的精神内核。因此，培育社会主义核心价值观就成为我国精神文明建设中一项极其重要而紧迫的任务。为了培养社会主义核心价值观，我们需要做到以下几点：首先，通过报纸、杂志、广播、电视、网络等多种手段向本国人民普及社会主义核心价值观的内涵和实质；其次，加强与世界各国的文化交流，向其他国家人民阐述社会主义核心价值观的内核和实质；最后，厘清社会主义核心价值观与其他国家的核心价值观之间的异同，以寻求其他国家人民的理解和认同。独立性和开放性是社会主义核心价值观的典型特征，只有把握中国与世界相统一的原则，并将之贯彻在实践中，才能更好地培育社会主义核心价值观，进而扩大中华文化的影响力，在国际社会上树立社会主义中国的良好形象。毫无疑问，中国与世界相统一的维度体现了社会主义核心价值观的时代性，这一维度的鲜明呈现彰显了中国在国际舞台上的影响力。

（四）坚持和恪守价值观形成的一般规律

社会主义核心价值观的培育和践行必须遵循一系列原则，以确保其内在价值的传承和发扬。

一是必须体现社会主义的本质特征。自社会主义制度确立以来，社会主义经历了许多曲折和挫折。在凝练社会主义核心价值观的过程中，必须以深刻的理论概括和实践总结为基础，全面揭示社会主义本质的核心，为凝练社会主义核心价值观提供理论指导和价值准则。

二是必须结合时代特色，顺应中国现实发展的趋势。现实中国的发展离不开传统中国在历史长河中的积淀，然而其与传统中国存在着明显的差异。随着全球经济的快速发展，现实中国不可避免地融入经济全球化的潮流中，但受历史、文化等多种因素的影响，其与现代西方国家又有着显著差异，特别是在社会制度、文化传统、社会结构等方面呈现出独特的面貌。中国历经 70 余年的社会主义革命和建设，以及 40 余年的改革开放，如今已成为一个充满生机和活力的国家。在这个充满多样性的时代，我们不仅可以获取丰富的时代素材以凝练社会主义核心价值观，同时也面临着前所未有的巨大挑战。

三是必须继承中国传统价值观的精华。有关资料显示，中国传统价值观作为一种特殊的意识形态，对于中国主流意识形态的建设起着积极作用。任何一种价值观都不是凭空出现的，都会受到其所处的特定社会环境的影响。因此，在凝练社会主义核心价值观的过程中，不能割裂历史的脉络，必须以传统价值观为依托，从传统价值观中汲取营养，吸取其中的精髓，剔除糟粕。同时我们也必须清醒地认识到，传统社会所孕育的传统价值观是历史的产物，具有其固有的局限性，它不能被简单地套用到当代现实社会中，因此，必须以当代中国的实际情况为基础，进行创新性的转型，使中国获得全新的生机和活力。

四是必须符合人类共同价值的要求。社会主义核心价值观只有站在推动全人类发展和进步的高度，体现全人类共同的价值追求，才能避免与人类共同价值观发生冲突，进而在世界范围内得到广泛认同。同时，社会主义核心价值观作为一种新型的价值观，如果不能给人类共同价值观注入具有时代精神的新鲜血液，那么它就缺乏了生命力，其发展前景将黯淡无光。

五是必须适应社会主义和人类未来发展要求。社会主义社会是一个不断演进的社会，它始终保持着与时俱进的姿态。为了凝练出适应社会主义和人类未来发展要求的价值观，我们必须具备前瞻性，深入研究社会主义和人类社会的发展规律，力求把握社会主义和人类社会未来发展的趋势，只有这样，才能准确把握未来社会主义的发展方向、人类面临的挑战以及社会主义与人类发展的协同关系，使得社会主义核心价值观为人民群众所接受和践行。

六是必须具有群众喜闻乐见的表达形式。中国是由多种民族组成的大家庭，各民族之间具有很强的凝聚力，这种现象的产生不仅在于中国传统社会在经济、政治、文化结构等方面具有很强的凝聚力，更重要的是在漫长的历史长河中，无数的政治家和思想家将中国传统价值观中的精髓进行了提炼，形成了“仁、义、礼、智、信”的价值观。这些价值观具有通俗易通、简单明了的特点，便于记忆和流传。在凝练社会主义核心价值观的过程中，我们必须避免生僻拗口、群众难以理解的复杂词语，而是选用人民群众喜闻乐见的新词语，以方便识记。

三、找准社会主义核心价值观培育和践行的着力点

随着社会经济的发展，人们的精神文化需求日益多样化，当前的精神文化建设无法满足人民群众的需求，为此，党中央提出了构建社会主义核心价值体系，而培育社会主义核心价值观则是其核心工程。培育社会主义核心价值观对于精神

文明建设有着积极意义：首先，随着对外文化交流活动的日趋活跃，一些不良思想涌入中国，冲击着中国传统价值体系，社会主义核心价值观的培育和践行有利于防止不良意识形态的侵蚀，是构筑中华民族精神家园的客观要求；其次，随着世界一体化进程的加快，国际竞争愈发激烈，面对日趋复杂的国际国内形势，中国必须坚持改革和发展不动摇，提升自身在国际舞台上的影响力，社会主义核心价值观的培育和践行有利于激发人民群众的创造热情，共同建设美好家园，是奏响当代中国发展进步主旋律的重要举措；再次，伴随着文化产业的迅速发展，文化软实力逐渐成为风靡世界的流行词语，面对全球文化的冲击，中国提出了文化安全观，社会主义核心价值观的培养和践行有助于中华文化的繁荣兴盛，能够提升国家文化软实力。面对日新月异的国际局势，我们要积极培育社会主义核心价值观，以深入的理论挖掘为手段，使其更加全面、成熟地呈现在世人面前；要通过深入细致的教育引导，让社会主义核心价值观如同春雨润物般润泽心田；为了充分发挥中国特色社会主义建设精神引擎的巨大作用，我们必须通过广泛而深入的实践，使社会主义核心价值观得到充分体现。深入推进理论研究、充分动员各方主体力量、有效强化制度支撑等，是积极培育和践行社会主义核心价值观的重要着力点。

（一）推进理论研究的深度挖掘

社会主义核心价值观澄明的程度与理论开掘的深度密切相关。只有不断加深对社会主义核心价值观的理论研究，才能全面呈现其丰富内涵，从而推动其更加全面成熟；只有不断推进实践探索，才能使社会主义核心价值观成为人民群众自觉践行的价值追求，从而发挥其对人们行为方式的引导作用。只有群众掌握了社会主义核心价值观，才能准确地揭示其从精神力量向物质力量的转变规律和特征，这是新的社会历史条件下的必然要求。

深化理论研究有赖于对“三个倡导”进行深入而广泛的研究。“三个倡导”的提出有着积极的意义，它站在全局的高度对社会主义所推崇的基本价值观念进行了简要的总结，包括中国特色社会主义的奋斗目标、社会理想和行为准则等基本价值，从国家、社会、个人等不同层面分别阐述了价值追求，是积极助推社会主义核心价值观的重要践行方式。“三个倡导”包含着丰富多彩的内涵和深刻的意义，在深入研究的过程中，应该在理论上加以挖掘和探究，全面分析其中的时代特征和中国特色，并进一步论证和解释它们的意义和作用。这不仅是理论研究的重要任务，更是确保这些价值观得以深入人心并得到广泛实践的重要前提。

要加深对社会主义核心价值观的理论研究，同时要将其凝练成更加完备和成熟的体系。这不仅是一个重大课题，更是一项紧迫任务。“三个倡导”的提出一方面反映了社会主义核心价值观的关键要素，彰显了中国特色社会主义所追求的重要价值理念，另一方面为进一步概括和凝练社会主义核心价值观提供了广泛的理论空间。在推进“三个倡导”实践、推进中国特色社会主义建设创新发展、深入认识社会主义本质要求和建设规律、洞察和把握人类文明发展潮流的过程中，我们需要进行艰苦的理论探索，以凝练出更为完备、成熟的社会主义核心价值观。

随着时代的进步，知识经济时代悄然来临，新的社会历史条件对深化理论研究提出了更高的要求。基于此，我们要就社会主义核心价值观走进大众心里进行更加深入的研究，使人们深刻认识培育和践行社会主义核心价值观的重要意义，准确揭示广大人民群众接受和践行社会主义核心价值观的内在机理。同时要综合运用各种培育途径、载体、方式方法，使社会主义核心价值观深入人心，从而为积极培育社会主义核心价值观和有效推进社会主义核心价值体系建设提供科学的理论支撑。

（二）加强主体力量的全面动员

社会主义核心价值观同传统价值观之间的最大差别为传统价值观是统治阶级中的某些先进分子所提出的誓词，是社会对于在社会中处于领导地位的群体所提出的规范要求，而社会主义核心价值观有着更加广泛的群众基础，是激励全体社会成员团结奋斗的价值目标，是中华民族实现伟大复兴的内在追求，是所有中国特色社会主义建设者崇尚的价值规范，是他们在社会实践中遵循的行为准则。因此，积极培育社会主义核心价值观有赖于每一个社会成员，能够充分调动社会每一部分的潜能。每个人都是社会主义核心价值观的塑造者和践行者，是促进社会主义核心价值观落到实处的最直接的因素。只有当每个人都成为积极参与建设的主体时，社会主义核心价值观的培育才能得到最根本的主体基础；只有当每个社会成员都意识到自己的建设能力，并积极行动时，社会主义核心价值观才能得到最丰富的营养和培育土壤。

我们要调动最广泛的主体力量，让全社会深刻认识到培育社会主义核心价值观的重要性，并要调动所有力量积极参与社会主义核心价值体系建设；要强调每个人都应该成为社会主义核心价值建设的推动者和受益者，并将其视为中华民族精神家园的守护者。在推进社会主义核心价值体系建设的过程中，我们要始终贯彻共建共享的理念，并使之成为所有成员的基本共识。要想广泛调动主体力量，就必须让领导干部以身作则、起到榜样引领的作用。作为推进中国特色社会主义事业的核心力量，中国共产党扮演着领导者的角色，为实现中华民族伟大复兴奠定了坚实的基础。作为先驱组织，党的核心地位不仅体现在引领伟大事业的意义上，更在于积极宣扬和率先践行先进的价值理念。中国共产党在过去 100 多年的斗争中之所以能够带领人民不断取得辉煌成就，不仅是因为它把先进的价值理念写进了历史篇章，更重要的是还在实际行动中进行实践。

在新的历史起点上，我们需要广泛调动社会的主体力量来积极培育和倡导社会主义核心价值观。这就要求我们向全社会展示那些践行社会主义核心价值观的先进分子的真善美，以各个领域的优秀代表作为精神楷模，在给人们带来感动和震撼的同时启发人们以楷模为榜样，引领人们不断追求进步。针对不同行业、职业、岗位和角色的特点，详细阐述社会主义核心价值观的内涵和要求，以使人们深刻理解其宗旨要义，并明确践行核心价值观的最佳途径。同时，要通过多种途径把社会主义核心价值观融入广大人民群众之中。为了积极培育社会主义核心价值观，需要加强共建共享的理念，打造健全的人人尽责机制，营造人人争先的氛围，以此来推动社会的发展和进步。

只有社会中的每一个成员都深刻领悟了社会主义核心价值观的内涵，并将之贯彻到实际行动中，社会主义核心价值观才不会是空洞抽象的概念，而是具有丰富内涵的先进价值理念。

（三）加强制度建设的融入贯穿

制度不仅仅是一种规则，更是一种价值观念和思想理念，在价值体系建设中起着不容忽视的作用，能为价值体系的构建提供必要的支撑。只有将一个社会的核心价值体系和核心价值观有机地融入整个社会的制度体系中，才能有效地避免其沦为一种毫无依附的观念漂浮物。历史实践证明，科学合理的制度是价值体系得以健康发展的重要保障，任何一种价值体系，无论其多么先进，如果脱离了制度的规范约束，就会形同虚设，无法发挥其应有的功能。唯有构建一套系统化、规范化的建设机制，价值体系才能够践行于现实并不断成熟。

从微观角度来看，强化社会主义核心价值观的培育离不开制度方面的支持，其中，制度化的社会主义核心价值观体系建设是关键，这种制度化的方式能够确保该体系的建设和核心价值观的培育工作常态化、稳定化。为了实现以上目标，我们要将社会主义核心价值体系工作与国民教育有机地结合起来，实现社会主义核心价值观培育同国民素质提高的完美融合，在群众性精神文明建设各个方面建立适当的制度机制。同时还需要对社会主义核心价值体系建设与社会主义核心价值观培育进行顶层设计，站在经济社会和谐发展的高度将其纳入各个方面的发展规划，并促使各个领域、行业和部门认真履行社会主义核心价值体系建设和社会主义核心价值观培育的职责，以确保这项看似具有“软性”特点的建设任务有明确的保障制度，使其得以贯彻实施。

从宏观角度来说，加强社会主义核心价值观的培育离不开社会主义核心价值体系与社会主义制度体系的更深层次的融合。这意味着要将社会主义核心价值体系的建设和社会主义核心价值观的培育贯穿于社会主义制度、政策和规章体系的各个环节。为积极培育社会主义核心价值观，我们需要在社会主义制度的前提下，通过各种具体的制度安排，更加充分地体现社会主义核心价值体系的本质要求，从而实现社会主义核心价值观的倡导、制度设计的规范、政策措施的正确导向以及法律法规的权威等。这种“魂”与“体”的有机统一是目前最具有说服力、引领力和影响力的举措，有助于社会主义核心价值体系的弘扬，有助于社会主义核心价值观的培育。

（四）丰富创新方式方法

社会主义核心价值观要想获得广大人民群众的接受和认可，有赖于不断的创新发展、精细建构。有关专家指出，方法创新、精细建构就是指社会主义核心价值观要朝着更新、更细、更柔、更活的方向发展。伴随着改革开放的不断深化，现阶段我国社会的主要矛盾是人民日益增长的美好生活需要和不平衡不充分的发展之间的矛盾。在信息时代，社会环境发生了翻天覆地的变化，面对人民群众多元化的需求，只有持续不断地进行创新，才能真正提升社会主义核心价值观培育方式方法的有效性，使得社会主义核心价值体系建设落到实处。

所谓更新，就是要深入人民群众，敏锐把握人民思想活动的新规律，掌握他们思想活动的新特点，深入了解人民群众精神文化需求的新变化，明晰人民群众精神文化需求的新趋势，充分发挥信息传播和舆论引导的优势，以电视、网络作为信息传播的新载体，开展丰富多彩的社会主义核心价值观培育活动，以展现鲜明的时代新风，从而实现时代性和实效性的双重促进。这既是一项艰巨而紧迫的任务，更是一个长期的过程。社会主义核心价值体系是中国共产党进行中国特色社会主义建设的智慧的结晶，蕴含着社会主义科学发展的道理。尽管培育社会主义核心价值体系是一道大命题，但是要想使之深入到人民群众心中，成为他们进行社会实践的行动准则，就必须深入挖掘社会主义核心价值观的内涵，以通俗易通的语言向人民群众阐述其要求。因此，为了能够将社会主义核心价值观践行到实际行动中，深入挖掘大命题的内涵也是必不可少的任务。

所谓更细，就是要贴近人民群众，站在人民群众的角度思考问题。这要求我们在积极培育社会主义核心价值观过程中将社会主义核心价值观的丰富内涵同人民群众的生活结合起来，选取人民群众耳熟能详的实例，运用通俗易通的语言，引导人们从日常生活的细节出发，感知社会主义核心价值观的意义，进而增强人们的认同感。有关研究表明，结合日常生活的具体情境感化人民群众是增强社会主义核心价值体系教育实效性的重要手段。旗帜鲜明、导向严正是建设社会主义核心价值体系的先决条件，但这并不意味着在积极培育社会主义核心价值观的过程中必须采用固定的方式，相反为了提高建设和培养工作的质量，更应根据具体的情况采用灵活的方法，讲究方式的艺术性，这样才能营造轻松愉悦的氛围，实现人们境界的升华。

所谓更柔，就是要以情动人，要在坚持社会主义核心价值观培育、明确其导向与要求的同时，注重春风化雨、润物无声，注重情理交融、以情感人，注重循循善诱。建设社会主义核心价值体系，积极培育社会主义核心价值观，需要营造环境、浓厚氛围，需要融会进脑、传播入心。

所谓更活，就是要更加讲究具体建设与培育工作的灵活多样，充分运用各种途径、载体，注重因地制宜、因势利导，注重各种宣传、建设活动中“形”与“神”的有机统一、深层融合。伴随着方式方法更新、更细、更柔、更活的精细建构，社会主义核心价值体系的建设将与每一位社会成员离得更近，社会主义核心价值观内化于心、外化于行的成效将会愈加凸显。

第三章　多元文化与社会主义核心价值观培育

本章介绍了多元文化与社会主义核心价值观培育，包括多元文化的内涵和生态表现、多元文化与社会主义核心价值观的关系、中华优秀传统文化与社会主义核心价值观培育、红色文化与社会主义核心价值观培育。

第一节　多元文化的内涵和生态表现

一、多元文化的内涵

（一）多元文化的含义

在实践基础上形成的人类文化是人的本质力量的对象化，是人的存在方式的精神和意识表征。在此意义上，人是以文化的方式存在的。由于人的实践方式的多样性，必然形成文化的多元性，多元文化的交流是文化传承与发展的推动力。关于“元”,《说文解字》的解释是“元，始也”[①]，即本原、根源、根本，始基之意。从字面上解读，多元文化是指具有不同起始端点的文化。费孝通先生在其《中华民族多元一体格局》一文中，根据有关我国各民族文化的起源研究指出，从最初产生时起，中华民族的文化就是多元的。

多元文化是指在一个社会、国家或民族中所存在的多种文化的总称。多元文化概念本身是相对于传统的单一文化概念而言的。传统的单一文化是指在一个区域、社会、群体和阶层中存在着的某一种单一文化。而多元文化则是指在一个区域、社会、群体和阶层等特定的系统中，同时存在相互联系且各自具有独立文化特征的多种文化。它不同于以往的文化存在方式，在空间上具有多样性，在时间

① 许慎．说文解字 [M]. 徐铉，校注．长沙：岳麓书社，2020.

上具有共时性。实际上，它要求一个国家或者一个民族在社会发展的进程中，既要继承本民族的优秀文化，同时也要吸收和借鉴其他国家或民族文化的精华，从而让本国或民族文化成为主体，让外来文化起到锦上添花的作用，最终形成多种文化兼容并蓄、百花齐放的局面。用费孝通先生的话讲就是："各美其美，美人之美，美美与共，天下大同。"[①]

多元文化这一术语最早出现于20世纪20年代，但直到20世纪五六十年代以后它才作为一种社会思潮引起人们的关注，成为学术界研究的热点问题。20世纪50年代前后，随着现代化理论的产生，多元文化指代两种文化现象：一是殖民地和后殖民地社会的文化；二是不同民族的文化。20世纪六七十年代，在后现代理论的推动下，多元文化的含义开始扩大。不但殖民地国家存在着统治文化与被统治文化的差别，世界上其他国家同样也存在着文化差异。可以说，几乎任何一个国家都存在着多元文化，而且价值体系、思想观念上的差异也不只是在民族间才存在，在不同社会阶层之间、地域之间、年龄之间、性别之间、群体之间等同样存在。目前学术界还没有对多元文化的定义达成共识。在1995年，联合国教育、科学及文化组织在澳大利亚召开"全球文化多样性大会"，会议报告对多元文化的内涵做了如下总结：多元文化包含各族群平等享有文化认同权、社会公平权以及经济受益需求。对此，我们可以从三个方面对其进行理解："一是指不同民族和不同文化的社会；二是指多元文化社会里不同文化的相互尊重；三是政府对多元文化社会所采取的政策。"[②]联合国教育、科学及文化组织在2005年也强调多元文化不仅可以通过多种表达方式来展现、传承和宣扬人类文化遗产，还可以在创造、制造、传播、销售和消费艺术产品等多个层面上呈现。

多元文化作为一种客观现象存在于当今的世界。不同类型的文化构成了当今的人类社会。历史发展经历了漫长的演变，各个民族、各个国家都在创造着自身的文化。在各种现实因素的影响下，不同地域、不同时期、不同传统的人类社会共同体，在社会的生产方式、思维方式和生活方式以及相应的语言、科学、伦理等文化体系方面，表现出不同程度的独特性。如果想要多元文化向更高层次发展，还需要构成一些不同的文化类型，使整个人类文化呈现出鲜明的多样性，并成为世界文化的一个基本特质。人类社会从古至今，大一统的文化现象从来没有出现

① 费孝通．推己及人[M]．北京：大众文艺出版社，2010.
② 陈黔珍，普建中．文化的先进与多元[M]．贵阳：贵州人民出版社，2006.

过。与此相反，各种文化都有其自身的独特性和生命力，在多样的文化环境中生存和发展。

（二）多元文化的特征

不管多元文化一词的定义究竟如何，从多元文化本身的发展来看，承认文化的多样性、平等性、差异性、交互性以及融合性终究是其核心所在。

1.多样性

文化多元最突出的特点是多样性。文化多样性是多元文化发展的基础，针对文化的内容来说，这种多样性主要体现在三个方面：一是思维的多样性，二是语言方式的多样性，三是价值信仰的多样性。回顾历史，我们会发现历程悠久的文化发展史始终是一段多种文化共存、兼容、交织的历史。不仅世界范围内的文化是多样的，形成了丰富多彩的世界多元文化格局，而且即使是在一个国家或者一个地区的内部也是多种文化并存的。正是这种多样性使得不同文化之间产生了激荡和碰撞。改革开放以来，我国的文化格局经历了从单一性向多样性的演变，文化多样性呈现出从形式的多样走向实质性的多样、从地域性到超越地域性，以及日益凸显的意识形态性的时代特征，具体表现为本土文化与外来文化、先进文化与落后文化、主流文化与非主流文化、传统文化与现代文化、大众文化与精英文化等异质文化相互交融的文化多样性格局。

2.平等性

多元文化论认为，文化在其价值上是平等的；任何文化都是人类在改造自然的过程中，所创造的物质文明和精神文明的积淀。这些文化记载了人类不断演进和发展的过程，表明了人类进步的状态，只是着眼的角度不同而已，因此都值得被尊重。所以说各种文化都有其独特的价值，并没有高低、贵贱之分，各种文化都有平等的生存权和发展权。正因为多元文化承认文化的平等性，多元文化才能共生、共存。

3.差异性

任何文化都是统一性与多样性、共性与个性、普遍性与特殊性的辩证统一。由于文化个性的存在，人类文化呈现出百花齐放、争奇斗艳的景象。真正的文化都是个性的文化，任何一种文化都不可能适合所有的主体和时空。文化的特殊性、差异性主要由以下几方面因素造成：一是自然地理环境的不同。人类作为自然界进化的产物，依赖于自然界而生存、发展。自然区域的不同导致不同民族、种族和地域的人们在生产、生活、道德、思维等方面的不同，并由此最终发展为特定的文化类型。二是文化的民族性不同。文化的民族性是指特定民族文化中独特的心理素质和特征，这些是该民族文化的基本内核，是对特定民族文化心理的最高程度的抽象，也是相比于其他文化所表现出的不可替代的独特规定性，具体体现在语言、习惯、礼仪、民族风俗和艺术风格等方面的特色。文化的民族性差异使人类文化呈现出丰富多彩的面貌。三是文化的历史不同。每一种文化都是历史的、具体的文化，社会所处发展阶段的物质生产、交换方式和由此产生的社会结构等因素决定了文化的形成和发展，都有时代的烙印。在不同的历史发展阶段，文化具有不一样的历史特点。总之，各民族或国家在长期的历史发展中，通过其独特的生产和生活过程而逐渐确立起自己的文化，不同民族或国家的文化各具特色，表现出多元发展的特性。

4.交互性

这是文化的一个现代特征。多元文化是在区域联合体、社会共同体和集体或群体等系统中共存，并在系统结构中存在着一定相互联系的文化，交流和交往是多元文化形成的必要条件，也是它存在的基础。据不完全统计，世界上有 200 多个国家和地区，有近 2000 个民族，几乎每个国家和民族都有自己的生活方式、宗教信仰、风俗习惯、价值观念等，即都有属于它们自己的文化。21 世纪以来，随着交通、通信设施的进一步发展，人们交往范围逐渐扩大，直到现代，随着经济全球化、信息一体化的发展，尤其是互联网的运用，不同民族、不同国家、不同地区、不同文化之间的交流成为可能，随着交往的范围、内容的扩大，整个世界也就逐步连为一体，不同的文化也就交融在一起，并互相影响、碰撞共存。

5.融合性

多元文化发展的必然趋势是文化融合。在多元文化体系中，各种文化之间会发生碰撞和冲突，这只是过程而不是发展趋势，各种文化通过彼此的交流、碰撞最终走向共存与融合。文化的融合是不同特质的文化相互接触后彼此交流、进行创新，最终走向融合的过程。随着经济全球化进程的深入，各民族文化间的交融与碰撞在世界大舞台上展现，即出现世界多元文化的融合化，这是总体的变化趋向，是文化发展演变过程中的必然环节。需要注意的是，多元文化的共存与融合不是对本土核心文化思想的否定和抛弃，而是发扬本土优秀文化的一种方式。所以，共存与融合是多元文化发展的必然趋势，并且这种方式能够促进民族文化的发展与完善。

二、当代中国多元文化的生态表现

当前，多元文化和价值观的冲突与困惑是我国青年学生思想政治工作正在遭遇的一个事实，也是思想政治工作面临的一个时代性、现实性的问题。就本书中的中国多元文化而言，与一般作为一种社会存在的多元文化的含义有所不同，其特指在经济全球化和改革开放的环境下，主流文化以马克思主义为指导，在它的引导下，传统文化与现代文化、先进文化与落后文化、东方文化与西方文化、精英文化与大众文化、主流文化与亚文化等多种文化（这里简单介绍前三种）交织在一起，相互交融、相互碰撞、共同发展的一种社会文化存在状态。文化多元使人们的行为更加自由、开放，有了更多的选择机会，同时也给青年学生思想道德的形成带来了前所未有的挑战。

（一）传统文化与现代文化

传统文化是一个国家在漫长的社会实践中所孕育的物质文明和精神文明的文化财富，也是民族个性思维方式的精神表现。传统文化是人类历史上发生过的、存在过的、被今天记忆的各种思想文化、观念形态的总体表征，其中主要部分就是哲学、伦理、政治、法律、宗教、艺术等方面的内容。世界各地、各民族都有自己的传统文化。中华传统文化是中华文明在历史变迁中演化而汇集成的一种反映民族风貌和特质的民族文化，是指居住在中国地域内的中华民族及其祖先所创造的，为中华民族世世代代所继承发展的，历史悠久、内涵深厚、具有鲜明的民族特色、传统优良的文化。中国的传统文化以道家、法家、儒家为内核。中华民族之所以能够数千年来一脉相承，同我国的优秀文化传统有着极其密切的关系，如“先天下之忧而忧，后天下之乐而乐”“老吾老以及人之老，幼吾幼以及人之幼”“富贵不能淫，贫贱不能移，威武不能屈”等中华民族的道德信条，是一种重要的精神资源，构成了中华民族人生信念的范本。中华优秀传统文化对人们思想政治素质的提高、意志品质的提升、职业能力的培养都具有积极的作用。对中华优秀传统文化进行学习与传承，能达到陶冶情操、升华精神境界、活跃思维、提高创新能力、增强爱国意识的效果。

现代文化是当代社会人类所创造出来的物质财富和精神财富的总和，其外延可以包含文学、艺术、宗教、哲学、法律、经济、政治及人类意向、观念、情绪等。它是人类对世界认知的最新成果的反映，是人类发展进步的最新水平的体现，是人类集体智慧的最优结晶，是一个国家“软实力”的象征，能够顺应当代社会发展进步的趋势，代表并符合各族人民群众的根本利益，是人类不断发展、进步的源泉和动力。现代文化是指人们适应现代化本质要求的文化，就是实现文化的现代转型并建设现代价值、形成现代认同、弘扬现代精神并进而建设共同信仰的文化。我们也可以从广义和狭义两个方面来理解现代文化。广义的现代文化，就是指人类在当代所创造的文明建设最新成果；而狭义的现代文化，则是指人类所创造的文学艺术、科学技术、教育知识、社科理论、工程技术等方面能够体现人类最高认知水平的成果。现代文化所蕴含的内容是十分丰富和广泛的，具有先进的思想意识、创新的存在形式、严谨的科学态度、系统的现代知识、和谐的人文环境、巨大的凝聚效应，并具有当代性、世界性、创新性、科学性、引领性等特点。现代文化之所以诞生于现代，是因为它处于不断创新和变化之中，取其精华、去其糟粕，在一次次的创新中及时吸纳了具有时代鲜明特征的新知识、新成果、新技术，并在此基础上向前推进。另外，现代文化所包含的一切人类文明的成果都是建立在科学的基础之上的，是经得起任何科学真理检验的。现代文化是一种动力、一种趋势、一种黏合剂。现代文化会对人自身的是非标准、思想动机、言论行动、荣辱界限等方面产生影响，而这种影响就是一种凝聚效应。现代文化还具有对人类前进方向的引领作用、对人类发展进步的推动作用、对人类文明智慧的提升作用、对人类力量凝聚的整合作用、对人类和谐共存的桥梁作用、对人类共同利益的体现作用。

无论是传统文化，还是现代文化，都是人类文明进步的结晶，二者既有区别，又有必然的联系。一个国家走向现代化，总要有建立在一定的经济、政治之上的文化，否定传统文化，也就是否定历史、否定民族精神，是人为地割断自己的“根”。当今中国正处在经济转型和文化重构的重要历史时期，如何发展好现代文化，找到传统文化与现代文化的衔接点是至关重要的。可以说，一个国家或民族的发展史，也就是发展和丰富传统文化的历史。同样，作为凝聚和激励人民重要力量的民族精神也是传统文化长期熏陶与培育的结果，是传统文化的结晶。所以，如何对待传统文化，绝不单纯是个有关文化的问题，而是一个关系到民族发展的问题。传统文化毕竟是现代文化的根，我们应该首先立足于弘扬，使现代文化与传统文化更好地衔接、结合。当然，传统文化中既有适合现代的成分，也有不适合现代的成分，要科学对待传统文化。要坚持古为今用、以古鉴今，善于把弘扬中华优秀传统文化和发展现代文化有机统一、紧密结合起来，在继承中发展，在发展中继承，要用辩证的眼光对待传统文化和现代文化，有选择性地继承、创造性地转化传统文化，使传统文化得到创新性的发展，并推动传统文化走向现代化，使其更好地为社会服务。

（二）先进文化与落后文化

先进文化是符合人类社会发展趋势和社会生产力要求，代表广大社会成员利益，能够实现人的全面自由发展，获得大众广泛认可和支持的文化。它是人类文明进步的产物，符合人类社会发展规律与未来的发展方向，能够为人类文明进步提供强有力的思想保证、精神动力和智力支持。目前的中国先进文化是以马克思主义为指导，旨在培养有理想、有道德、有文化、有纪律的公民，坚持为人民、为社会主义服务，并且遵循多元化和开放性的方针，以社会主义核心价值观为主导，可以适应现代化、世界化、未来化的发展趋势，具有中国特色、科学和大众化的社会主义文化。

按照马克思主义哲学的观点，文化是上层建筑的一部分，是意识的体现。对文化的先进性进行评价需要综合考虑历史和价值的互动作用。历史上，人们常将社会发展和历史进程作为判断一个文化是否先进的标准，这就是历史尺度。其核心在于观察这个文化是否符合社会生产力的发展规律，是否能适应和推动生产力的发展。所谓价值尺度，就是从人的价值、人的需要、人的发展的角度上来看它是否具有先进性，即看它是否符合社会发展的最终目标，是否能促进人全面而自由发展，是否符合广大人民的利益和愿望。马克思主义认为，先进文化是价值标准和生产力标准的辩证统一，是价值尺度和历史尺度的辩证统一。也就是说，文化的评价标准应是具体的、历史的。要把文化的评价标准放在特定的时代和特定的社会中进行具体分析，只有这样文化的先进性才能得到说明和确证。先进文化具有科学性、开放性、导向性、包容性、创新性等特点。总而言之，先进文化是科学的、向上的、健康的，能够代表文化未来发展方向，并推动社会发展。一个国家、政党和民族的素质、能力和兴衰取决于是否拥有先进文化，是否代表先进文化的前进方向。

所谓落后文化，是指不符合先进生产力发展要求和社会发展方向、违背社会发展规律、对生产力的发展已不能起促进作用的文化。先进文化与落后文化总是相比较而存在、相斗争而发展的。落后文化带有迷信、愚昧、颓废、庸俗等非科学色彩。广义的落后文化还包括腐朽文化。腐朽文化贪图物质享受、追求感官刺激，缺乏社会责任感，是宣扬拜金主义、享乐主义、极端个人主义，传播迷信、腐蚀心灵的文化。在封建社会中，人际关系存在人身依附，反映了封建主义思想。此时的价值取向是“官”本位，表现为等级观念、特权思想、专制主义以及官僚作风等。这些思想都源自这种人身依附关系。而在资本主义社会中，人们获得了独立性，但这种独立性基于对物的依赖。反映资本主义社会本质的思想文化的价值取向是“物”本位，包括拜金主义、利己主义和奢侈享乐等。这些落后腐朽的思想文化有非常深厚的历史积淀，不可能在短时间内完全消失，会对社会产生广泛的影响。

在思想文化领域，先进文化要占主导地位，否则就会被腐朽文化、落后文化占领。发展先进文化必须正确对待和认识落后文化，抵制腐朽文化。旧风俗、旧思想、旧文化、旧习惯在经过长期的思想工作和思想斗争之后，才会发生变化。因此，必须坚持和巩固马克思主义的指导地位，并开展长期的、积极的思想斗争，批评和抵制各种反马克思主义的错误观点。要以马克思主义的立场和价值导向为指导，积极运用先进文化揭示和批判落后的文化，努力占领思想文化阵地。我们应该大力弘扬主旋律，用科学的理论来武装群众，以正确的舆论引导来激发人们的思考，用高尚的精神塑造人们的品格，以优秀的作品来鼓舞人们。支持健康有益文化，努力改造落后文化，坚决抵制腐朽文化，在不断满足和提高人民群众的精神文化需求中移风易俗，促进社会主义精神文明发展。要通过完善政策和制度，加强教育和管理，逐步剔除落后文化、腐朽文化和各种错误思想观点。在社会主义社会中，社会主义先进文化扮演着精神支柱的角色，是整个中华民族团结奋斗的共同思想基础，也是中国软实力的重要部分。今天，社会主义先进文化通过社会主义知识体系，使得价值观、思想、信仰和行为规范产生凝聚和激励社会成员的巨大力量，从而帮助人们树立正确的世界观、人生观和价值观，使其坚定对社会主义的信念，增强人们的民族自尊心、自信心、自豪感。社会主义先进文化为中国特色社会主义建设提供了精神动力、智力支持和思想保证。

（三）东方文化与西方文化

东方原来只是一个相对的地理概念。历史上不同地理位置的国家所指称的东方是不一样的。近代以后，东方泛指东半球，如印度、日本、朝鲜，以及阿拉伯、东南亚等国家和地区。到了现代，人们又把政治和经济方面的含义加入了东方的概念中。比如把资本主义社会、经济发达国家称作西方世界，把社会主义社会、经济不发达国家称作东方世界等。我们更多的是从文化的层面上去理解东方。这里所说的东方文化主要是指亚洲地区文化，包括部分非洲地区的历史传统文化。

中国文化是东方文化的基础，它是东方文化中最具代表性的哲学和思想体系。中国文化对其他文化特别是中国文化圈内的国家文化有非常深刻的影响。东方文化是在长期历史过程中形成的一种多元文化，表现了东方民族在世界观、伦理观和思维方式上共性的特点：一是怀旧情感浓重；二是注重神（天）人合一；三是神秘主义色彩浓郁；四是重感悟而轻理性。

西方文化是与东方文化相对应的一种异质文化，主要是指欧洲（西欧）与北美的文化，包括西方世界中共同的标准、价值观、风俗等。西方文化以希腊文化和基督教文化为标志，体现出以下三个特质：科学文化、宗教文化、强势文化。

第二节　多元文化与社会主义核心价值观的关系

一、多元文化为培育和践行社会主义核心价值观提供了丰富的土壤

从马克思主义的角度来看，文化演变必须同时保留传统的文化元素与创造新的文化元素。因此，社会主义核心价值观不是任意创造的，它必须建立在一定的社会文化传统和背景上，并结合当前社会的实际发展。我们的目标是挖掘并凝聚

已经存在且核心主导的价值观，以便最终让它们深入人心。每种文化都是历史和社会环境的产物，因此都会融合并继承历史和现实的文化形态。这种文化形态的精神性质同样如此。中国的历史实际同样要求当前社会主义核心价值观的培育不能只关注社会主义价值形态，还要重视多元文化的融合。多元文化是经济全球化带来的不可阻挡的文化潮流，它为不同文化的人们相互理解、交流和融合奠定了基础，也为培育社会主义核心价值观提供了丰富土壤。社会主义核心价值观汇聚了马克思主义思想的基本原则、中华传统文化的核心精髓。因此，社会主义核心价值观的培育既是在马克思主义指导下，对社会主义主流文化的继承和超越，也是对西方资本主义文化和中国传统文化的批判和超越。

首先，中国共产党领导中国人民在长期的革命和建设实践中逐步形成和发展起来的主流文化，即以马克思主义为指导的中国特色社会主义文化，丰富和发展了社会主义核心价值观。中国共产党从一开始就注重总结我党文化实践活动的经验，并高度自觉地把这些经验用以指导不断发展的文化实践活动，由此形成了先进的主流文化体系。中国共产党以高度的文化自觉和坚定的文化自信带领人民走向文化自强，丰富和发展了社会主义核心价值观，从而推动了党和人民的事业向前发展。

其次，中华传统文化是培育社会主义核心价值观的文化根基。每一种民族文化都有自己的传统，中华传统文化源远流长、博大精深，为培养民族品格和增强民族凝聚力作出了巨大贡献，它也是滋养社会主义核心价值观的丰厚土壤。当代中国要在对中华传统文化批判和超越的基础上，培育和践行社会主义核心价值观。社会主义核心价值观经过文化的熏陶、洗礼和培植后，既有利于人们接受和认同社会主义核心价值观的内化训练和素质养成，也会对遵循和践行社会主义核心价值观的外化体验和品质呈现产生有益作用。培育和践行社会主义核心价值观的重要任务是，以中华优秀传统文化涵养社会主义核心价值观。符合时代要求、具有民族特色的当代中国社会主义核心价值观不能自发地产生，必须以人类最先进的思想作为指导，对中国传统价值观进行改造与提升。

最后，社会主义理论和历史的逻辑前提是资本主义，所以构建当代中国社会主义核心价值观的重要逻辑前提就是要对西方资本主义文化（价值）进行批判分析。在经济全球化的时代背景下，中国要提高国家软实力成为世界文化强国，就要秉持“和而不同”的思维方式和多元文化包容原则，主张世界是多姿多彩的。如同宇宙不止有一种颜色一样，世界上也不会只有一种文明、一种价值观念、一种社会制度、一种发展模式；对不同的文明文化、不同的制度安排，应当互相理解、互相尊重、互相包容，在求同存异中学习借鉴，以求共同发展。这就要求我们站在世界的高度，吸收全人类文化价值精华，并将其融入中国特色社会主义的价值追求，以世界的眼光来发展中国文化。

二、培育社会主义核心价值观是发展中国多元文化之轴

培育社会主义核心价值观是发展中国多元文化的轴心，对推动社会主义文化大发展大繁荣具有决定性的意义。多元文化健康发展的核心和灵魂是社会主义核心价值观。一个社会的主导价值观是这个社会所特有的文化，是这个社会赖以维系的精神支柱。任何一个国家和民族，都有其社会成员普遍认同的价值观，而其中的主体和灵魂就是核心价值观。当前，我们正处在一个思想大活跃、观念大碰撞、文化大交融的时代。随着世界经济的飞速发展以及高新技术的日益发达，各种思想文化相互激荡，不同文明的交流、交融、交锋更加频繁，在社会思想空前活跃、主流积极健康向上的同时，一些消极的、错误的、颓废的思想意识也有所滋长。这些思想导致多元文化产生了多元价值观，人们在价值观上产生了更多的困惑和矛盾。

历史经验表明，当一个民族或国家没有明确的共同价值目标时，就会引发相对主义，进而产生行为不合理和分裂主义的混沌状态。这种情况会削弱民族和民众的共同信仰、理念和凝聚力。①“多”与“一”是对立统一的，多元之“元”越多，对“一”的呼唤越强烈，这表明文化软实力在国家综合实力竞争中具有极其重要的地位，同时也说明了核心价值观在社会发展和国家安全中扮演着重要角色。培育社会主义核心价值观有利于维护国家文化安全，能够为推动我国的多元文化发展与繁荣提供根本的保证。社会主义核心价值观充分发挥了对多元文化的感召力和凝聚力作用。现在，我国已经进入经济社会发展非常关键的时期，特别是随着经济体制深刻变革、利益格局深刻调整、社会结构深刻变动，主流文化与非主流文化、先进文化与落后文化等各种文化交织，人们在思想认识上的选择性、差

① 张远新，何煦. 社会主义核心价值体系与当代大学生核心价值观教育[J]. 思想教育研究，2007(10)：8–11.

异性、多变性、独立性日益增强，各种价值观念和社会思潮纷繁变幻。这些当然也在影响着全体社会成员的世界观、价值观。引领整合多元文化和各种社会思潮，使主流文化得到发展、健康文化得到支持、多元文化得到规范，把不同阶层、不同认识水平的人们团结和凝聚起来，需要牢固树立社会主义核心价值观。社会主义核心价值观能够最大限度地引导人们把个人价值追求转化为国家和社会的共同价值取向，凝聚共识，形成合力，正本清源，指引方向。此外，社会主义核心价值观规定了社会主义多元文化的道德规范和行为准则。建设中国特色社会主义是艰巨而复杂的，需要处理各种关系、解决各种矛盾。在解决各种矛盾、处理这些关系时，尤其是在推动社会主义文化大发展大繁荣的过程中更离不开道德规范和行为准则。社会主义核心价值观所倡导的“爱国、敬业、诚信、友善”是马克思主义世界观、人生观、价值观的鲜明体现，它明确了我国在发展社会主义市场经济条件下的道德规范、基本价值取向和行为准则，是新形势下加强社会主义思想道德建设的重要指导方针，是促进社会主义多元文化健康发展的重要保障。

第三节　中华优秀传统文化与社会主义核心价值观培育

一、中华优秀传统文化概述

（一）基本内涵

中华优秀传统文化主要是指我国的传统文化在发展过程中所具备的优秀的文化发展因素，它展现了我国文化发展的核心方向，对于促进我国文化的快速发展具有深远的意义，对于我国的整体文化发展也具有促进意义，是民族文化发展的主要推动力。简单来说，中华优秀传统文化就是指在我国的民族文化发展中所形成的积极向上、既适用于古代社会又对当前社会发展仍然具有重大推动作用的文化因素。从这里可以看出，中华优秀传统文化不完全等同于传统文化。它是传统文化中的那些健康文化。中华优秀传统文化能够激励人们奋发进取，无论是在历史上还是在当代中国文化的建设中，都能够激发人们的民族自信心和自豪感，具有历史继承性和稳定性，还有民族文化认同功能，是中华文化的活精神，在当今社会仍然具有强大的生命力。中华优秀传统文化源远流长，内涵丰富。中华优秀传统文化的内涵包括物质文化和精神文化，本书重点研究精神文化。从学派角度来看，中华优秀传统文化既包括儒家思想，还包含道家、法家、墨家等各家思想的精髓；从文化内容来看，其既涉及卓越的政治思想，也包括以爱国主义为核心的民族精神和优秀的道德准则。

（二）主要特征

中华优秀传统文化丰富多样，居中心地位的是以儒家伦理道德为核心，注重善和义的协调统一，追求文化发展的协调统一，并以文化教育为主要目的的伦理政治型文化。如果说西方国家的文化发展属于“智性文化”的发展范畴，那么中国文化发展就属于“德性文化”的发展范畴，主要是一种追求德智统一的、具备自身的民族文化发展特色的、优秀的文化发展价值取向。中华优秀传统文化除了具备色彩浓厚的政治伦理特点以外，还具有以下主要特征。

1.顽强的生命力和发展创新性

中国是文明起源最早的国家之一，已经具备了较为悠久的历史发展进程。在古代的四大文明之中，中华优秀传统文化保持着原有的文化发展特色，它与其他国家的文化发展都不同，具备自身独有的发展特征。中华优秀传统文化可以说是经久不衰的，在历史的发展长河之中薪火相传，这些都说明了中华优秀传统文化所具有的独特的文化发展优势。能够充分保持自身文化发展的雄厚底蕴，是中华优秀传统文化的另一特征。

中华优秀传统文化经历了较长时间的发展而得到了传承，在不断学习前人的优秀的文化发展的同时也为适应社会发展的总体趋势而及时进行改革。同时，其积极地与其他文化进行融合，丰富自身的基本内涵，在原有的基础上进行完善与发展。

2.较强的融合性和凝聚性

中华优秀传统文化的发展形式丰富多彩，呈现出多种不同的文化发展特色。由于我国幅员辽阔，不同地区的文化发展肯定会不同。自秦建立了统一的中央集权的封建政权以来，各民族之间融合的步伐大大加快，先后进行了几次较大的民族融合，使得中华优秀传统文化具备各个民族文化发展的特色。

中华优秀传统文化在面对其他国家的文化发展的同时能够保持一个开放的发展心态，它有着海纳百川的包容性和强大的同化力。中华优秀传统文化在经过融合、包容其他文化后形成的新文化并不是分散的、凌乱的，而是凝聚成了中华民族特有的精神文化，尤其表现在“爱国主义”“自强不息”“天下为公”等精神上。中华优秀传统文化正是以其宽广的胸怀与气魄积极接纳来自世界各地的先进文化，才得以形成独具特色的、强大的民族凝聚力。也因此，中华文明才会生生不息，延续至今。

3.具有民族性和世界性

各个国家都具有各自的文化发展特色，各个国家不同的文化发展体现了各个民族发展的主体方向与时代特征的选择，民族文化发展具备很大的发展潜力。中华优秀传统文化的发展具有悠久性和独特性。正如一位学者说过的，民族的优秀文化就是全球人民的成果。事实证明就是这样，各国的文化发展是不断变化的，在文化的融合之中相互借鉴，进而形成具备各国发展特色的文化。伴随着时间的推移，各个民族的文化在进行交流的同时，形成了统一发展的全球文化。各个民族的文化在交流的同时要在共性中求发展，保持民族发展的优势。中华优秀传统文化在发展过程中始终保持开放的学习态度，积极与其他各具特色的文化进行交流与合作，取长补短，实现优势互补，不断吸收和借鉴其他国家和民族的文化精髓，最终实现其为我所用。并且，中华民族的文化精髓也在双向国际文化交流中不断地被传播到世界各地。中国很多的非物质文化遗产在世界各地得到了广泛的传播与发展，得到了全世界人民的喜爱。

（三）思想精髓

中华优秀传统文化源远流长，博大精深。在中华大地上，各民族、各地域的不同风俗文化经过数千年的碰撞、交流、融合、沉淀，形成了多元一体的中华文化。作为中华文化的精华，中华优秀传统文化的发展方向是我国文化发展的基本的精神追求，其思想精髓包含维护祖国统一、反对民族分裂的家国情怀；天下为公、天下大同的社会理想；立己达人、扶危济困的仁爱精神；正心笃志、崇德弘毅的人格修养；自强不息、刚健有为的进取精神；生生不息、革故鼎新的创新意识等。文化发展对于我国整体发展具有重要的影响。中华优秀传统文化丰富多彩，这里尝试从以下三个视角来对中华优秀传统文化的内容做梳理。

1.优秀的政治思想文化

政治思想文化在丰富多彩的中华优秀传统文化的宝库中具有深远的影响。总体上可以分为以下几方面的内容。

儒家倡导的是通过道德引导治理社会的“德治”和以仁爱为核心的“仁政”。孟子曰“仁者爱人”，其中“仁”的本质意义在于对别人的尊重和友爱。孔子强调广泛传播“仁爱”思想，他认为这种思想可以被应用于治国安邦。而孟子则指出，施政的关键在于“仁与不仁”的选择，只有实行“仁政”，才能够稳固自己的统治地位。相反就意味着失去人民的信任和支持，从而失去整个天下。在实行“仁政”时，领导者需具备“仁爱”之心，不能过度压榨人民，应该照顾和呵护他们的福祉，同时要求各级官员始终牢记“民”这个核心，以民众最基本的生活需求为出发点，将“民”的利益放在首位。为此，统治者需要实行“德政”，即通过以统治者个人的道德为核心的治理方式来教育民众，使其自愿地遵循治理规则，达到社会的稳定和繁荣。这是一种用道德来治理国家的方式。

道家的“无为而治”。道家主张“无为而治”的超越式的政治文化思想，和儒家积极有为的政治文化思想是有区别的。所谓“无为”并不是真的不作为，而是在天道自然无为、人道顺应自然的天人关系中展开，其手段是因势利导，最终目的还是“无不为”。老子是道家的创始人，他追求的理想社会是“小国寡民”，老子主张“愚民”以实现其理想政治。

墨家的“尚贤”和“相爱相利”。墨家认为理想的政治是“兼爱”天下人，如何爱天下人呢？那就是给天下人以“利”。

法家的“法治”。“法家”所提倡的是以“法治”为主导的社会治理方式。法家追求的理想政治体制是建立在“法治”的基础上的。他们强调尊重法律，严格执行刑律，旨在维护国家的稳定和秩序。在他们看来，不管是谁，都应该一视同仁，每个人都要遵守法律。据韩非所说，确立专制主义中央集权政治所必需的要素包括“法”“术”“势”。所谓“法”，是指经过正式立法程序确定并写成法律文字的法令；“术”是指统治者用来控制臣民的手段；“势”是指国王或君主所具有的无可匹敌的权力和威势。在君主专制的框架下，三个方面都被整合在了一起，以确保君主的统治是稳固和有序的。

阴阳家的“五德终始”。阴阳家认为物质世界是由金、木、水、火、土这些“小物质”构成的，他们将这一概念推及广大的宇宙，认为它们构成了这个世界。物质世界处于不断的变化和运动之中，其变化运动来自“五行相胜”。齐国阴阳家邹衍进一步把这种思想延伸到人类社会的发展变化中，来论证历史朝代的更迭，最终形成了“五德终始”的历史观，即社会历史变化遵循五行相克的规律，金克木，木克土，土克水，水克火，火克金，依次循环进行。

2.宝贵的民族精神

千百年来，中华民族在长期的发展过程中形成了宝贵的民族精神，它们构成了中华民族文化的内核，激励着一代又一代中华儿女。而这些宝贵的民族精神就是我国文化发展的核心因素。民族精神是民族文化得以快速发展的基本核心，是一个民族的文化得以快速发展的重要的精神动力，是我国文化发展的核心动力所在，是我国文化综合竞争力的主要表现形式之一。

中华优秀传统文化的精神实质主要体现为以爱国主义为核心的民族精神。爱国主义是中华民族文化的核心，它表现为对祖国大好河山的热爱，对祖国灿烂文化的热爱，对骨肉同胞的热爱，对自己国家的热爱。中国自古就形成了厚德载物、自强不息、务实致用的民族精神。正是这种植根于传统文化的精神力量，构成了中华民族浓郁的家国情怀和忧患意识。无数中国人面对家国危机时选择了前赴后继，自觉寻求救国救民的真理，体现了强大的民族凝聚力。直至今天，它依然能显示出强大的生命力，在社会主义现代化进程中，其依然是中华民族发展的内在动力，也是我国民族文化发展的基本目标之一。中华民族在悠久的历史延续中能够始终形成强大的民族凝聚力，能够始终屹立于世界民族之林，正是由于中华优秀传统文化发展的核心思想都是围绕爱国主义进行的，并将实现国家的协调统一发展作为重点工作实施贯彻。无论是在物质方面还是精神方面，中华优秀传统文化都为我国开展爱国主义教育留下了宝贵遗产。

3.优良的道德品质

中华民族在长期的历史发展中还形成了一系列优秀的道德品质，同时注重个人修养和道德品质的提升也成为中华优秀传统文化的一项重要内容。尽管这些道德品质形成于过去，但其在今天对于促进个人的全面健康发展仍然具有重要意义。这些道德品质主要体现为以下方面。

一是自强不息的奋斗精神。中华优秀传统文化高度关注现实生活，孔子主要强调生活的意义，并且追求人的自强不息精神。中国的文化发展自古就有反抗的精神所在，追求自身发展的创造精神。二是知行合一。在我国的儒家文化发展中，追求仁政成为其核心思想，并积极倡导“力行近于仁”，这在一定程度上体现了“行重知轻”的认识论思想，这种思想与实践品格的发展具备潜在的统一性。实践是获取认识的来源。要实现现代化就必须积极借鉴其他国家的优秀的文化发展，在立足于本国的实践发展的基础之上进行文化的学习。三是强调人的精神文化的发展。中华优秀传统文化强调人的内在气质与修养建设，反对贪欲与功利。孟子强调人格的重要性，认为人格不能随意被践踏。追求人格的独立发展对于现代人格的塑造很重要。四是追求真理，敢于献身自我。古人对于真理的追求能够做到持之以恒，永不言弃。这就是对于真理的无限的追求，是现代社会发展的内在动力。五是注重人与人之间的团结互助以及伦理道德规范。我国古代传统文化非常注重君臣、长幼、夫妻、师生等人伦关系，尽管这些伦理道德规范是为了维护封建等级制度，有些内容已经不适应我国当前社会的发展，但其中一些传统美德对于促进整个社会的和谐发展仍然具有重要意义。

（四）重要意义

1.实现中华民族伟大复兴的需要

中国特色社会主义是当代中国发展主要的追求方向，我们要始终遵循这个思想追求，为了理想进行不懈的努力。在此，我们需要对于理想的来源、含义等方面进行简单的了解，弄清楚理想的基本的含义。习近平总书记指出，中国特色社会主义的发展基础在于中国文化，体现了中国人民的意愿，符合中国国情和时代发展的要求，并有着悠久的历史背景和广泛的现实基础。中华优秀传统文化是中国特色社会主义文化发展的关键因素。中国共产党在继承和发展中华优秀传统文化的基础上，要不断探索中国特色社会主义发展道路，将马克思主义理论与我国国情相结合，实现中国化发展道路。中国文化的发展与马克思主义的发展都要以中华优秀传统文化作为基本要素，所以，如果对于中华优秀传统文化不了解，就无法发挥中华优秀传统文化较强的发展优势，无法达到我国文化发展的目的。

黑格尔在《历史哲学》中指出，世界历史自身本质上是民族精神或国家精神的辩证法。一个民族或国家想要在国际社会中脱颖而出，就必须拥有个性鲜明的民族精神和独特的文化传承。[①] 我们要将中华优秀传统文化与时代特征紧密融合在一起，为我国增添文化发展的动力。中华民族实现伟大复兴的发展征程，既要反映我国的发展，同时也要继承我国悠久的中华优秀传统文化。自近代以来，中国人民一直坚定不移地追求民族复兴。只有在充分认识和把握中华优秀传统文化的基础上，我们才能很好地认识和选择当代中国的发展特色和发展道路。弘扬中华优秀传统文化对于我们坚定中国特色社会主义的共同理想、实现中华民族伟大复兴具有重大意义。我们要积极传承中华优秀传统文化，为我国的文化发展增添新的发展动力，促使中华文化朝着更加繁荣的方向发展。

2.增强中华民族凝聚力的需要

道德的发展对于国家的整体发展具有很深远的意义。道德是我国文化发展的最高层次的精神追求方向，正是在这种追求下，优秀的中华民族文化才得以形成。道德对于整个社会的发展都具有不可替代的作用，对于社会文化的发展起着基础性作用。道德行为建设与个人的发展息息相关。道德的发展立足于日常的生活之中，体现在个人的为人处世方面。

中国的传统美德强调个人修养和追求理想，倡导“修齐治平”。儒家强调修身对于所有阶层的人都至关重要，不论是天子还是普通民众。因此，古人认为诚实待人和思想道德修养等是个人修身和治家的核心。中华传统美德落实到具体的实际之中，要重点关注天下大同的核心思想，建设大同社会，实现整体的理想发展状态。中华传统美德培育了中华民族的高尚品德，提升了我国整体的文化发展创造力。

一个国家或民族的共同的道德基础是维系一个国家或民族团结统一的精神纽带，也是增强一个国家或民族凝聚力的文化基因。共同的文化基因、共同的道德基础不仅成为中华儿女独特的文化符号和标识，更是万众一心、团结合作、同仇敌忾的凝聚力。因此，中华优秀传统文化不仅有利于整个民族文化认同的形成，更有利于形成强大的向心力和凝聚力。中华民族经历了漫长的历史沉淀，一直紧密地团结在一起，这背后有着中华民族共同孕育出的道德标准，有汇聚起来的民族精神和时代特色，还有共同捍卫的价值信仰。当前，为了实现中华民族富

① 黑格尔.黑格尔历史哲学 [M]. 潘高峰，译.北京：九州出版社，2011.

强、振兴，以及人民幸福的中国梦，全体中国人都需要塑造民族精神、汇聚正能量，以此为基础才能成功地达成我们的奋斗目标。大力倡导并发扬光大中华优秀传统文化中的传统美德，进而巩固全国人民共同的道德基础，这其中的意义无疑非常重要，既有理论上的意义，也有现实上的意义，特别是能够增强中华民族的凝聚力。

在当今中国特色社会主义道路越来越宽的背景下，要想培养优秀的道德素养，促进中华文化的繁荣发展，文化建设越来越成为至关重要的环节和工具。所以，强化我国的文化发展道路以及现代社会主义核心价值观建设对于我国的发展十分重要。社会主义核心价值观承载着先进社会主义文化的核心精神，对于增强中华民族的凝聚力至关重要。因此，在价值观建设中，社会主义核心价值观具有不可替代的地位。培养和传承社会主义核心价值观是巩固基础、凝聚力量的重要措施，对于维护社会的稳定和谐、确保国家的繁荣昌盛十分关键。

3.有效应对国际竞争的需要

现代人类社会的发展不是某一个国家的特殊成就和功劳，全世界文明都为世界的发展进步作出过积极的、卓越的贡献。当然在这一过程中，因为环境、地域、文化传统等条件的差异，各个文化系统发挥作用的程度、影响力的大小也不同。

中华优秀传统文化是中华民族五千多年历史和文化积淀的精髓，包含了民族精神和道德传统的珍贵结晶。中华优秀传统文化的核心价值观是其中心和精华。中华民族能够持续繁荣兴盛的一个重要原因是我们的前辈代代相传并不断创造着适应社会发展趋势的核心价值观和价值体系，这些核心价值观和价值体系是我国文化的精神支柱，构建了一个能够滋养我国民族精神和延续我国文明传统的精神家园。离开了中华优秀传统文化，整个文化建设就如无源之水、无本之木。因此，中国特色社会主义文化建设必须以马克思主义作为指导，立足于中华优秀传统文化的基础之上，进而形成适合现代化需要的新的文化体系。

在今后的文化建设中，一方面，我们要积极树立文化自信，认真学习和了解中华优秀传统文化。从实际情况来看，社会成员对本民族文化认知的缺乏在很大程度上导致了文化的不自信。只有认真学习和研究才能对本民族文化作出客观、公正的分析和评价。另一方面，要选择性地学习和借鉴外来民族文化，推动民族文化的繁荣发展。在当今世界激烈的国际竞争中，文化作为一个国家的软实力，其影响力和作用越来越显著。对此，我们也要迎头赶上，既要积极推动中国特色社会主义文化的繁荣，充分发扬本民族文化的优势和特长，在世界舞台上展示中华民族的内涵和魅力，又要选择性地学习和借鉴其他文化。

二、中华优秀传统文化与社会主义核心价值观的关系

中华优秀传统文化是社会主义核心价值观的根基和源头，二者之间存在不可分割的内在联系，可以说它们是不同历史阶段中国精神的不同表现形式。中华优秀传统文化是我们培育社会主义核心价值观的文化基础和思想来源，反过来，社会主义核心价值观则对中华优秀传统文化进行了批判性的继承和创新。当前，我们在大力提倡和弘扬社会主义核心价值观的同时必须意识到，我们对价值观的培育和践行必须立足于坚持发扬中华优秀传统文化的基础之上。

（一）中华优秀传统文化是社会主义核心价值观的根基所在

源远流长、博大精深的中华优秀传统文化是华夏民族几千年来孕育出的集体智慧，是无数思想家对自然界、人类、民族、国家等进行思考与认知的结晶。时至今日，中华优秀传统文化仍拥有强大的生命力，是社会主义核心价值观的根源所在。

1.社会主义核心价值观的文化根基

千百年来，中华民族之所以能始终团结一心，从根本上来说与华夏儿女对自己身份的认同，特别是与对自己民族文化的自豪与自信分不开。中华优秀传统文化是几千年来中华民族所积淀的独特的智慧和思考方式，它体现了中华民族独特的观察世界和解决问题的方法，是整个中华民族独具特色的文化符号，也是中华民族凝聚力和向心力的来源。即使对于现在倡导和推崇的社会主义核心价值观，我们也可以在中华优秀传统文化中寻找到有价值的思想内涵。因此，社会主义核心价值观的形成必须建立在中华优秀传统文化的基础上，充分借鉴并融合其中的思想精髓，这不仅能够增强中华民族对自己传统文化最为深入的精神追求，而且涵盖了中华民族最核心的精神本质。正因为这种对自身文化基因的认同感，中华民族才能一直保持着强大的生命力。

（1）富强、民主、文明、和谐

“富强、民主、文明、和谐”，不仅是对中华优秀传统文化的深入探索和整理，更是在此基础上进行的重新凝练和创新。

关于富强。中国历史上，人们一直憧憬着国家繁荣、人民富裕的美好愿景。富强是指国家经济发展繁荣，同时也涵盖国民生活水平的提高和国家实力的增强。具体来说，一方面它意味着城乡居民生活质量得到改善，另一方面也代表着国家资源丰富，公共和私人财富均得到增长。个人之富与国家之富关系密切，即所谓“百姓足，君孰与不足？百姓不足，君孰与足”。民不聊生，君王如何能过得安稳？历史上那些被誉为贤明的君主，最成功的一个策略就是和人民团结在一起，促进农业发展，鼓励生产，创造繁荣，如汉唐等朝代的盛世，正是因为执政者认识到了富强的重要性，并将其付诸了实践。国家繁荣富强的重要标志在于人民和国家具有财富，这是社会价值中最基础、最核心的组成部分。社会主义核心价值观以富强为重要内容之一，具有丰富的民族意义和时代内涵，概括了中华民族历史发展和现代中国人民的不懈追求，也是古代文明的根本路径，它规范了文明的各种行为准则，并提出了一致的道德要求。现代中国的文明是通过发扬传承古代文明、吸收借鉴外国文明的优点，以及全面创新民族价值观、生活方式和社会发展模式等再造而成的。

关于和谐。党的十六大报告首次提出了将社会更加和谐作为重要目标。党的十八大把和谐作为培育和践行社会主义核心价值观国家层面的基本范畴。当前社会正处于全面深化改革的关键时刻，不仅国内外各种矛盾突出，而且人际关系的和谐、人地关系的协调、社会秩序的稳定等都与国家的富强、民主和文明息息相关。这些问题的解决至关重要。“和”是中国传统文化中根深蒂固的一个概念。儒家崇尚的“致中和”，道家追求的“天人合一”，墨家倡导的“和合”等理念，都强调人与人、人与自然、人与社会之间应该采取的相互协调的态度和行为方式。这种理念不仅是各阶层和谐共处、携手前行的自然状态，也表现了中华民族几千年来对于美好追求的信念，同时也是当代社会必须树立的核心价值观之一。

（2）自由、平等、公正、法治

“自由、平等、公正、法治”这些价值理念源自中华优秀传统文化，并与中国特色社会主义的发展要求相结合，不断相互借鉴和发展。

关于自由。中国古代所强调的自由观念，更多的是指人们可以自由地掌控自己的情绪和内心状态。这种自由观念强调个人的内在力量和自我管理能力。中华优秀传统文化中，自由的特点十分明显，不仅注重个人身体的自由，还极为重视思想、精神自由。它更倾向于内心的自由，但同时也重视自我提升和独立自律，强调遵循适当的规范以约束自身。这种情感是中国人特有的社会追求，即使没有明确表述在文字上。因此，社会主义核心价值观旨在将中华民族传统意义上的自由与人们全面发展实现自由相结合，并提出了社会层面应遵循的以及个人应努力追求的价值观。

关于平等。中国古代一直以来都提倡平等的思想，其中最典型的例子就是孔子所说的“有教无类”，这句话强调了无论一个人的出身如何，都应该有平等受教育的权利。例如，古代实行的对粮食征税的方式、平均分摊公共开支的方式以及没有等级之分的刑法制度，都是平等观念的具体体现。中国古代农民阶层的历次起义呈现出了平等关系的痕迹。陈胜、吴广发出的“王侯将相，宁有种乎”的口号，表达了社会底层人民对平等的迫切呼吁。可以说，社会主义核心价值观所倡导的平等观念是在历史经验的基础上进一步发扬光大的。它不再仅仅追求简单的绝对平均主义，而是要为人民提供更多机会和激发人民更多的积极性与参与感，以更好地实现人们自身价值的平等。

关于公正。公正指的是对所有人或事物平等、公平对待的态度和做法。自春秋时期孔子弘扬的“大道之行也，天下为公”，到老子主张的“以正治国”，再到康有为倡导的“人人相亲，人人平等，天下为公”，以及孙中山提出的“三民主义”，这些无不关注“公”的概念。“天下为公”和“均贫富”是治理国家和维护社会秩序的基本法则和道德理念，它们体现了公正和平等的原则，二者相互补充，代表着最广大人民的共同利益。因此，我们要将“公”作为核心价值观的一部分，以此为基础不断推进自身的成长。

关于法治。中国一直以来都注重法治，早在春秋战国时期，法家思想便成为诸子百家中的重要思潮之一。法家显著的特征之一是积极推崇变法、尊法和依法。他们强调通过法律实现社会统一，并倡导法律具有规范功能。同时，他们认为应该通过法律强制社会行为，以维护法律的权威地位。他们的最终目的是将君主所拥有的权力转化为国家法律，并将其作为社会规范的一部分。尽管如此，这种法治体系的根源可以追溯到封建专制制度时期，难以符合现代法治的标准。然而他们所提出的理念，如“法家不别亲疏，不殊贵贱，一断于法”、只以法律为准则，以及“法律高于权力”，仍是珍贵的核心价值观的积累。

（3）爱国、敬业、诚信、友善

“爱国、敬业、诚信、友善”作为行为准则，无论在哪个时代，人们都应当把它牢记在心。

关于爱国。自古以来，中国人民内心深深怀抱着对国家、对祖国的热爱和关注，无数英雄豪杰以实际行动展现了不畏艰险，为天下苍生、为民族复兴而不懈努力的态度。这种爱国主义情怀已经烙印在我们民族的精神世界中，它能激发我们开创新的伟大事业，并且持久不衰。

关于敬业。在中国古代社会，人们非常注重“敬”的价值观念，它代表了一种专注和积极进取的精神状态。韩愈的“业精于勤，荒于嬉”、朱熹的“敬业者，专心致志，以事其业也”都强调了在工作中要持续努力、不懈怠。随着岁月流逝，始终保持敬业精神是激励人们在工作和创业中取得成功的重要动力。特别是在当前，实现“中国梦”需要每个人信奉“勤勉劳动，尽责尽职”的价值观，始终坚持敬业奋斗。

关于诚信。自古以来，中华民族就一直秉承诚实守信的道德准则，将其视为精神信条。这种思想已经深植在华夏民族的传统文化中，成为我们的精神特质之一。在先秦时期，虽然各家学说的观点不同，但是没有一家否认诚信这种道德准则的重要性。儒家说“人而无信，不知其可也”，道家说“信言不美，美言不信”。两者共同的重点都在于强调诚信的重要性。这种经典的道德信念与我们现今提倡的诚实守信价值观息息相关。它对于打造廉洁政府、建设诚实守信的社会有着极大的益处。

关于友善。中华民族强调待人友善，注重包容和谅解，推崇“己所不欲，勿施于人”的精神和“仁民爱物”的态度。友善在每个中国人的心中和思维方式里根深蒂固，是一种自然而然的行为表现。友善不仅指内心深处的同情与理解，也涵盖具体的行动，如爱心与积极向上的态度，是一种感性与理性相融合的纯粹初衷。只有每个人都抱有正直的心态，用友好、积极和有益的行为对待人类、社会与自然，整个社会、民族、国家才能形成一种和睦、繁荣的氛围。

2.社会主义核心价值观的思想源泉

五千多年来，中华优秀传统文化源源不断地流传发展，并形成了一系列以轴心时代中华文明基本价值为灵魂的核心价值理念。这些价值理念包括家国情怀、仁爱原则、责任意识和社群本位等。而中华优秀传统文化的形成又综合吸收了国内各家学派的思想精华，其中尤以“儒”“释”“道”思想最为显著。千百年来，这些思想对中国人民的价值观念和生活方式影响最大。尽管这些学派思想形成和发展于我国古代社会，但是其中所包含的一些思想精华仍然适用于当今社会。正因为如此，这些优秀传统文化在很大程度上构成了我国社会主义核心价值观的重要思想源泉。

（1）儒家思想

儒家思想是中国古代的主流意识，在中国古代影响力广泛，对中国、东亚乃至全世界都产生过十分深远的影响。儒家文化在中国几千年的历史长河中一直是主流文化。在不同的历史发展阶段，儒家文化不断地发展，但其核心价值和精神并未发生太大的变化。儒家文化逐步得到发展和完善，形成了一整套完整、丰富的理论体系。从国家、社会和个人三个层面进行归纳，儒学主要有大同之世的社会理想、以礼为纲的基本制度和诚信笃行的行为准则。这些思想对于社会主义核心价值观的形成和凝练起到了重要作用。

（2）道家思想

首先，道家思想以“道”为核心，“道”即“阴阳”，是天地的本源，是万物运行的规律，也是人类生存所必需遵守的准则。只有以“道”为标准将万事万物进行规划，使其成为一个遵循规律的有机整体，自然、社会才能和谐发展，并一直以良好的状态发展下去。其次，“德”也是道家思想中至关重要的组成部分。在道家思想中，“德”主要体现在伦理、政治等方面。道家的“德”要求人们在日常生活中自发形成，是使道德高尚成为生活的常态，是自然无为的，而不是一种教导和约束。国家的繁荣昌盛离不开国民的修德、积德，人人有“德”，国家才能长治久安。最后，道家还有一个重要概念，那就是“和”，道家的“和”应解释为“天人合一”，它体现了人与自然、人与人、人与道相和谐的思想。“天人合一”的本质，正是在世间万物的和谐中体现出来的，要达到这种高度的和谐，最主要还在于人与人之间的相互关爱、诚信友善。只有阴阳调和，万事万物才能和谐共生，而和谐则是一切生机的开始，每一人、每一物都是天地的一部分，只有不断克制私欲、顺应天道，天地才能融合，万物才能共生。人与人、人与社会、人与自然只有通过这一方式才能相互协调、共同发展。我们要综合道家的“道”“德”“信”“和”等精神元素，深度挖掘道家思想的深层含义，并在此基础上进行升华和发展，为社会主义核心价值观的培育和践行打下良好的根基。

以“儒”“释”“道”为代表的传统文化，其包含的思想精髓是社会主义核心价值观的重要思想源泉，更是中华文明发展前进的坚实基础。社会主义核心价值观的形成并非一蹴而就，而是在总结改革开放40多年实践经验的基础上与中华优秀传统文化相结合的产物，是根植于中华优秀传统文化并在此基础上不断发展而来的。中华文明作为世界上最古老的文明之一，之所以如今还能保持着旺盛的生命力和经久不衰的活力，并一次次地在危难和痛苦中转危为安、变乱为治，得益于中华优秀传统文化一直以来的熏陶和培育。中华优秀传统文化既是我们思想的源泉和根基，也是我国建设社会主义精神文明的思想基础和源头活水。

（二）社会主义核心价值观是中华优秀传统文化的发展所望

每一个民族的文化都是在对本民族优秀传统文化继承和发扬的过程中不断地变化、演进和创新而来的，社会主义核心价值观也是对中华优秀传统文化的继承和发展，是其发展所望。社会主义核心价值观根据历史的要求和时代的发展，对中华优秀传统文化进行了提炼与升华，使得它在新时代富有强大的生命力，并获得了新的发展。

1.对中华传统文化批判性的继承

中华优秀传统文化经历了五千多年历史长河的不断洗刷和磨砺，凝结了无数先哲的集体智慧，是华夏儿女的宝贵遗产和精神财富。中华传统文化追溯已去的历史，展望美好的未来，是中华民族一代又一代人繁衍、生存和发展的纽带。但是不可否认的是，中华传统文化又有其局限性，因此我们应该辩证地看待传统文化，并在此基础上进行批判性的继承。

我们必须承认的是，由于受到人们认知水平、时代条件和社会制度等多种因素的制约，传统文化在形成和发展过程中不可避免地会产生一些如今看来已经过时甚至是糟粕的东西。这就要求我们在继承和弘扬传统文化的过程中，必须进行取舍和遴选，这种取舍又必须是在对传统文化进行深度学习和研究的基础上进行的，是在综合考虑时代条件和实践要求的前提下实施的。正确对待中华传统文化，就是既要始终坚持历史唯物主义的批判精神，又要遵守文化发展的辩证观。

总之，由于中华传统文化自身具有局限性，社会主义核心价值观对中华传统文化必须坚持一种扬弃的继承，要根据时代发展要求和新的实践要求进行正确取舍，不能以古非今、厚古薄今，要坚持以古鉴今和古为今用，跳出文化保守主义圈子，让中华传统文化在扬弃的继承中达到创造性转化和创新性发展。与此同时，我们还必须保持清醒的头脑，高度警惕错误思想的入侵，并要适时对其加以批判，达到澄清问题、统一认识的目的。

2.对中华优秀传统文化创新性的发展

世界时刻在发展变化，文化和价值观也不是一成不变的，要不断契合时代发展的要求，才能充满生机和活力。古代中华民族凭借自己的智慧创造了独具特色的价值观，这些思想一直流传至今。在与世界接触的过程中，我们要重新审视自己之前未曾注重的价值思想。此外，随着马克思主义在中国得到全面传播和发展，我们要对自己需要什么样的指导思想和价值观更加坚定。中华优秀传统文化在马克思主义中国化的历史进程中被赋予了新的丰富内涵，成为社会主义核心价值观的重要组成部分。

如同西方文化最初传入中国时与中国文化产生了激烈碰撞和冲突一样，马克思主义思想在中国的传播也不是一帆风顺的，它同样经历了一个漫长而曲折的过程。在许多方面，影响最为深远的是如何将马克思主义经典理论应用于解决中国实际问题，而这在文化领域中具体表现为如何处理中华传统文化。作为马克思主义的忠实信仰者，中国共产党坚定地将马克思主义基本原理与中国的革命和发展实践紧密结合，并成功地将马克思主义与中国特色结合起来，走出了历史的困境。

在现阶段，我们更加了解当代中国所需要的价值观，同时也清楚社会主义核心价值观应该如何引领中华优秀传统文化的发展方向。中华优秀传统文化蕴含着关注全人类福祉的思想和价值，这些思想和价值也得到了坚定的支持和发展，同时也体现在社会主义核心价值观中。我们要积极弘扬中华优秀传统文化中体现民族文化和精神风貌的思想价值，并深入推广社会主义核心价值观。

（三）培育社会主义核心价值观必须立足中华优秀传统文化

1.弘扬中华优秀传统文化是马克思主义中国化的内在需要

“马克思主义中国化”其实就是将马克思主义与中国具体国情相结合，要使马克思主义这一革命科学理论更进一步地和中国革命实践、中国历史、中国文化相结合，使马克思主义在其每一表现中都带有中国的特性，带有新鲜活泼的、为中国老百姓所喜闻乐见的中国作风和中国气派，使其在中国进一步民族化和具体化。

中华优秀传统文化源远流长、博大精深。中华优秀传统文化以其独特的多样性和包容性与马克思主义基本原理相结合，深深根植于中华优秀传统文化的土壤里，潜移默化地影响着人们对马克思主义的理解。中华优秀传统文化在自己的发展过程中不断吸收着外来先进文化，取其精华、去其糟粕，为自己所用，以丰富自己、充实自己、发展自己。同时又把中华优秀传统文化散播出去，影响世界文化，增添世界文化多样性。如果生搬硬套地将马克思主义基本原理与中国国情相结合，马克思主义就不会在中华土壤中生根发芽，延续至今。

2.推动中华优秀传统文化创造性发展和创新性转化的客观需要

（1）文化传承和创新的重要性

文化的传承和创新是文化的一种再生产活动，它与人类其他两种再生产共同组成了社会的再生产。人类社会的发展是一个由低级不断向高级形态发展的过程，同时文化的发展也是一个积蓄、发展、一步步向高级形态——文明迈进的过程。社会的发展、文化的进步都离不开人的社会活动和创造。

马克思在《1884年经济学哲学手稿》中阐述，人与自然的关系是研究人类文化问题的逻辑起点。在《德意志意识形态》一书中，马克思对物质和意识、社会存在和社会意识之间的关系进行了深入探讨，进一步巩固了历史唯物主义的文化理论，这表明他在文化观念上已经达到了更加成熟的境界。思想和政治是上层建筑的两个重要方面，它们的性质与表现受经济基础的制约。文化属于思想层面的范畴。唯物史观在研究文化传承方面具有非常重要的指导价值，对于我们更深入地探究中华优秀传统文化的理论和实践有不可或缺的作用。尽管经济发展至关重要，但我们也必须考虑其他因素对社会进步的影响，如政治、文化、宗教以及艺术等领域的因素。这些领域之间的相互关系能够显著地对经济的发展产生影响，进而影响整个社会的进步，这是我们不能忽视的。尽管经济发展可以对文化的进展产生影响，但文化的进展具备相对自主的特点，它们之间无须完全相符。经济的进步会受到文化演变步伐缓慢的拖累，这是历史上的常态。据马克思所言，物质生产和文化进步之间并不是完全同步的，存在着不协调的状况。马克思主义学者在研究理论问题时，也强调了以人为本的文化观。他们的观点是，人类存在是有阶段性的，因此人类创造的文化也呈现出时代的特点，这一观点也印证了文化的本质和价值内涵，同时体现了文化的传承和创新的重要性。从根本上说，文化的发展也是人的发展、人类社会的发展，马克思认为，应该把人放在中心，致力于实现人类在各个方面的全面发展。文化的进步不仅带来物质和精神层面的提升，同时也为人们提供了取之不尽、用之不竭的资源。

当今社会，物质文明正在飞速发展，中华优秀传统文化作为国家和民族的灵魂，对其进行传承与弘扬显得尤为必要。同时，加强中华优秀传统文化的传承和创新，对满足人民群众日益增长的精神文化需求有着非常重要的作用，也是促进我国经济社会发展的需要。积极发展文化有助于丰富人们的精神境界，促进人的全面提升，对于塑造良好社会风尚来说是不可或缺的因素。目前，传统文化正在与经济、政治和现代科技紧密融合，是我国社会发展的重要推动力量。中华优秀传统文化是在我国上下五千多年的历史发展中积淀而成的，凝聚着整个中华民族的精神。在当今社会，对中华优秀传统文化进行传承和创新，是建设中国特色社会主义文化的重要一步，也是实现文化自信的重要内容。而让中华优秀传统文化走进我们的生活，是让它焕发出蓬勃生机、实现创新性发展的重要环节。

自党的十八大以来，习近平总书记在多个重要场合和考察中，提倡推广中华优秀传统文化。他以浅显易懂的方式讲解了中华优秀传统文化的核心精髓，并在治国理政和大国外交等方面结合经济、政治、生态和文化等发展战略进行了应用。习近平总书记的讲话让我们认识到，在当下中国，传承弘扬中华优秀传统文化是一项具有重要战略意义的任务，同时在理论上也具有非常重要的意义。弘扬和传承中华优秀传统文化被认为是一项极为重要的价值观，深植于我们的内心。

（2）当前中华优秀传统文化传承和创新面临的问题和困境

在全球化的影响下，不同文明和文化之间在相互进行着交流、对话，这为我国传统文化提供了机遇和挑战。在当今形势下，文化软实力已经成为衡量综合国力的一个重要因素，我国的文化建设怎样才能顺应国际文化的发展趋势，并参与到国际文化的竞争中去，从而实现自身的不断发展，是我国文化发展面临的重大课题。

我国文化的建设在近年来表现出了良好的发展趋势，整个社会从中央到地方，从学界到民间，都没有像现在这样重视文化的建设，文化的重要性愈发彰显和突出。党中央提出的“增强文化软实力”“建设精神家园”这一系列概念被全国广泛应用并普及起来，人们关注的焦点也加入了文化产业和文化体制的改革等。我国文化的发展前景很好，随着文化消费和人民精神需求的不断增长，广大群众逐渐参与到文化建设中来，社会资本在文化产业中有了积极的发展，这些因素都有助于推进我国的文化建设。然而，我们不得不承认，在现代化的推动下，中华优秀传统文化的传承和发扬也遭遇着一些难题和挑战。在追求其繁荣发展的过程中，我们也需要思考一些问题。

三、中华优秀传统文化融入高校社会主义核心价值观构建的路径

（一）将中华优秀传统文化融入校园文化建设

1.中华优秀传统文化与精神文化建设

校园文化的核心是精神文化，是在长久的办学历史和地域影响下，经过历代学校的成员生活学习，从而孕育形成的大学特有的精神财富，它存在于教学、科研、管理等校园生活的各个层面，并起着非常重要的作用，是大学建设中的核心内容。它由价值观、思维方式、道德观念、人生追求等多种因素构成，通过校训、校风、校徽等形式表现出来。在现今社会，要加强高校的校园文化建设，就要结合当地特有的文化特色，通过开展文化主题活动来教育学生。高等院校要善于利用当地文化中的历史遗迹、文化形态、传统习惯等来开展相应的主题教育。高校的学生通常来自全国各地，生活环境和习惯不同。举办相关的文化活动可以让学生更好地融入当地生活，可以培养学生的文化包容性，使其感受到当地文化的特色和魅力，以尽快真正成为校园中的一员。

2.中华优秀传统文化与物质文化建设

校园文化建设的前提条件是校园的物质环境，其也是很重要的一个因素。它是校园文化活动发展的基础，能够体现大学自身的特点和人文精神，能够反映这所学校特有的文化氛围。校园物质环境可以通过建造文化礼堂、标志性纪念建筑物、名人雕塑等将想要传达的文化理念和价值观融入其中，以此来熏陶学校的每一个成员，加强成员对学校的认同感和归属感，同时可以帮助他们将各种文化理念和价值观内化于心，形成成员之间共同认可的道德准则和行为规范。

校园的景观是一种特殊的文化景观，作为教书育人的重要场所，校园景观被提出了特殊的要求。除了环境优雅、风景宜人，还要有利于文化传承、具有丰富的文化内涵。校园景观建设应与社会主义核心价值观培育之间有着良好的互动过程。社会主义核心价值观培育应该为校园景观建设确定正确的立意，明确方向指引，推动校园景观建设，使其遵循正确的立意向前发展。如果没有正确的立意，校园景观建设可能就会偏离预期的轨道，白白耗费学校和师生的精力和资源，产生一些毫无意义的文化，进而阻碍正确立意的发展。只有建立了积极向上的校园景观，大学才能更好地发展校园景观生态文化，才能以情境育人。

将中华优秀传统文化融入校园文化基础建设中是积极可行的。校园物质文化建设应该结合中华传统文化，营造一个具有文化积淀的校园环境，给学生提供一个较好的文化氛围，从而让学生更好地思考和熏陶自己的情操。比如，在校史馆中，要融入校史校情，让学生可以通过参观校史馆加强对自己学校的认同感和归属感。宿舍和教室是学生日常生活和学习的主要场所，可以将中华优秀传统文化的元素融入进去，鼓励学生积极向上，打造一个更加舒适的学习生活环境。

3.中华优秀传统文化与行为文化建设

校园文化建设中最生动具体的表现是校园行为文化，它也是校园文化不断进行创新、实现发展的源泉。丰富多彩的校园文化活动是校园行为文化的主要内容，可以给学生提供锻炼自己、展示自己的平台。而且校园文化活动还有利于校园文化主体之间的交流，有利于校园文化和其他文化相互影响。

建设校园行为文化，可以将家乡特色文化融入校园文化活动中，给学校师生一个在实践活动中开拓文化视野、提升文化修养的平台，能够潜移默化地影响学生价值观的形成。

建设校园行为文化可以将中华优秀传统文化融入校园行为文化建设中，要利用网络这一平台，以班级、社团为单位，更好地弘扬中华优秀传统文化。现今社会是一个新媒体发展的时代，新媒体影响了更多的人的生活，尤其是青年这一代。青年学生更喜欢通过网络新媒体这一平台来获取资讯，尤其是微信和微博。学校可以利用微信、微博这类传播平台，搭建一个优秀的公众号，让其成为教育影响学生的“第二课堂”。通过这一方式大学校园可以更好地传播文化，促进学生积极主动地去接受教育，关注并积极参与进去，从而更好地融入文化教育中。班级是高校学生的一个重要组织，一个好的班风、学风的建立会更好地影响学生。因此，通过班级这一群体，弘扬中华优秀传统文化，能够很好地促进良好的班风和学风的形成，再加上辅导员开展相应的主题班会活动和实践活动，可以让学生更好地亲身去感受文化、体验文化，并将文化真正地内化于心。

4.中华优秀传统文化与制度文化建设

高校在日常管理中逐渐形成了独有的管理经验和规章制度，这就是校园的制度文化，它体现了校园特有的管理理念和运行机制。制度文化建设有其特点，能体现出学校的文化。高校在加强中华优秀传统文化教育过程中，要在教学、科研、管理、活动等层面通过制定明确的规章制度加以规范，强调开展发扬中华优秀传统文化活动的重要意义，提供具体的完善措施并号召全体师生积极落实执行，从而为中华优秀传统文化教育的开展提供制度保障。

例如，要进一步完善教师队伍建设的有关规定，要加强教师的“传道授业解惑”的角色定位。教师不但要传授知识，更要育人，培养世界观、人生观、价值观正确的高素质人才。教师要提高自身的文化素养，从而为学生起到很好的示范作用。教师的行为会对学生的成长成才产生很大的影响。教师的文化素养要提高，同时对中华优秀传统文化的认识和理解程度要提升，这样才能够将教书和育人结合起来，深层次地教育学生，培养学生的文化气质，从而影响学生的思想道德水平。建立文化素质较高的教师队伍，可以通过以下途径来进行：第一，在教师选聘时要严格，要综合考虑应聘者的专业知识和个人综合素质；第二，在进行教师培训时要全面，要把对教师的个人素质培养放在比较重要的位置，而不能只重视教师的专业技能培训；第三，将中华优秀传统文化融入教师的教育教学中去。比如，进一步完善青年学生行为规范。国家的相关法律和社会主义核心价值观都对学生提出了要求，高校应该在其引领下，从实际出发，结合青年学生的自身特点，从教育教学专业角度出发，制定出全面且可行的青年学生行为规范和规章制度。高校要通过法律手段和行政管理手段，促使青年学生进一步规范自己的行为，防止学生出现道德失范行为。同时，高校也要善于利用自己的校园网、微博和微信公众平台等积极宣传相关的规章制度和道德规范，并通过多方面教育学生来引起他们的重视，并引导他们将其作为自己日常生活学习的重要准则。

（二）将中华优秀传统文化融入青年学生实践教育中

在社会主义核心价值观培育的过程中，要积极引导，借助舆论的宣传优势和校园文化环境的熏陶，从多个方面培育青年学生的社会主义核心价值观。为了让青年学生将社会主义核心价值观真正铭记在心并落实到具体的行动中，要注重社会主义核心价值观的实践养成。我们可以把中华优秀传统文化作为培育社会主义核心价值观的重要突破点，继承和弘扬中华优秀传统文化可以助推社会主义核心价值观的认同和培育。中华优秀传统文化蕴含着极其深厚的道德思想，在对青年学生进行中华优秀传统文化的教学时，应该引导青年学生的实践教育，通过对青年学生进行文化的熏陶，加强其对社会主义核心价值观的认同感。

总而言之，加强中华优秀传统文化教育是加强青年学生社会主义核心价值观认同感的重要途径。要深层次地研究中华优秀传统文化的价值，并赋予它新的生命力，更好地发挥出中华优秀传统文化的育人功能，从而更好地加强青年学生对社会主义核心价值观的认同感。

首先，搭建实践体验的平台。我们要开展多种形式的实践活动，将中华优秀传统文化融入社会实践活动中，让青年学生的传统文化体验更加丰富。第一，我们可以利用中国传统节日开展健康有益的民俗活动，引导青年学生铭记和喜爱本民族节日，让学生自觉肩负起继承和发扬中华优秀传统文化的责任。比如，在重阳节举办一些孝老爱亲的活动，增强青年学生尊老敬老的孝道意识，大力营造以孝当先的文化氛围。第二，要鼓励青年学生围绕中华优秀传统文化这一主题开展义务支教、社区宣传、文明建设等具体活动，让青年学生在实践中感知文化、领悟文化。第三，要充分利用当地文化资源，组织青年学生开展社会实地调研活动，如参观爱国主义教育基地、文化历史博物馆、名胜古迹等，让青年学生了解中华民族的历史文明和源远流长的传统文化，深刻认识传统文化与价值共识的重要作用，从而增强青年学生的社会责任感、民族自信心和历史使命感，进而真正做到把社会主义核心价值观内化于心，外化于行。

其次，要充分发挥先进榜样的示范作用。比如，领导干部践行社会主义核心价值观能够为青年学生树立榜样，这要求领导干部和党员必须重视自身思想修养，并以身作则，发挥示范引领作用，以确保积极推广社会主义核心价值观。此外，孔子也是青年学生学习的榜样，他为我们坚定理想信念提供了有效的借鉴和良好的舆论导向，可以让青年学生在实践活动中有所感知、有所思考、有所行动。实现中华民族伟大复兴要以社会主义核心价值观为价值导向，中华优秀传统文化的价值取向是社会主义核心价值观的理论根基，而青年学生作为践行社会主义核心价值观的主体，既是社会主义现代化建设的建设者和接班人，又是实现“中国梦”的主要力量。因此，弘扬中华优秀传统文化对于培养青年学生的社会主义核心价值观，在多个维度上都有非常重要的意义，这也是当前高校思想政治工作的重要任务。

第四节　红色文化与社会主义核心价值观培育

一、红色文化的功能

（一）激励功能

伟大事业的成功需要人民具备高尚的思想境界，因为这种思想境界是支撑和推进它的基础。根据亚历西斯·德·托克维尔的观点，政治社会的建立不仅需要依靠法律，人们的内在因素，如情感、信仰、思想和文化价值观等也非常重要。这些因素构成了一个社会成员的心灵和思想方式，并对社会的形态和运转产生着深远的影响。[①] 红色文化作为国家软实力，是中国社会进步、文明发展、变革创新的内在灵魂、不竭动力和精神支柱，可以激励我们沿着中国特色社会主义道路不断前进。具体而言，红色文化的意义体现在如下两个层面。

① 安东尼·奥罗姆．政治社会学导论 [M]．张华青，何俊志，孙嘉明，等译．上海：上海人民出版社，2006.

其一，国家层面。红色文化凝结着社会主义、共产主义的理想信念，展现了中国人民积极进取、艰苦奋斗、勇于创造的精神境界，体现了中华民族对富强、民主、文明、和谐价值的不懈追求，寄托了中国人民对自由、平等、公正、法治社会的美好期待，集中反映了中华儿女深沉的精神气质和优秀品格。

革命战争年代以坚定信念、勇于胜利、艰苦奋斗、敢创新路、实事求是、依靠群众为主要内容的井冈山精神；以坚定革命的理想和信念，坚信正义事业必然胜利，救国救民、不怕任何艰难险阻、不惜付出一切牺牲，坚持独立自主、实事求是，一切从实际出发，顾全大局、严守纪律、紧密团结，紧紧依靠人民群众，同人民群众生死相依、患难与共、艰苦奋斗为主要内容的长征精神；以坚定正确的政治方向、解放思想实事求是的思想路线、全心全意为人民服务的根本宗旨、自力更生艰苦奋斗的创业精神为主要内容的延安精神，等等，依然是这个时代的精神源泉和动力。这种精神融入日常生活中，能够转化为一种社会意识形态，进而激励人民不畏艰难、勇往直前、不断创新。

其二，个人层面。情感需要调控、激发、体验和陶冶。红色文化可以培育精神和塑造人格，能够培养大众的公平意识、国家意识和奋斗意识，提高大众的价值认同、精神追求与文化品位，如雷锋精神的传承。

（二）教育功能

其一，崇高思想品德的教化功能。人类作为自然界的高等动物，设立道德准则、行为规范以及法律法规约束自身的行为，可以形成有利于人类自身生存、繁衍、发展的社会秩序。道德和法律是约束人类行为的两大“利器”，犹如车之两轮、鸟之两翼不可分离。道德通过教育和舆论能够促使人们在社会生活中遵守规则、形成习惯。先进文化是道德进步的一种牵引动力。红色文化与德育的目标、任务、原则和内容高度契合，它体现和传递的文化价值不仅涵盖实际道德原则和行为规范，同时也拥有智力开发、启迪美感、塑造个人品质的教育功能。红色文化资源可被用作生动有趣的教育教材，特别是在高校德育中，它是非常独特的教育素材。运用红色文化蕴含的英雄人物和革命事迹教化青年，可以激发他们爱党、爱国、爱人民的情感，引导他们去思考人生、奉献社会和完善人格。

其二，爱国主义情感的陶冶功能。作为民族精神核心的爱国主义是国家前行路上的旗帜，也是人民内心深处的寄托。红色文化具有强大的爱国主义情感陶冶功能，其中阶级友爱的温情故事、军民鱼水深情和可歌可泣的壮烈场面，都渗透着人性的至高情感，能折射出爱国主义的理性光辉。

（三）助力功能

按照历史唯物主义的观点，经济是文化的前提和基础，经济、政治决定文化，文化反作用于经济、政治。不同的文化对经济的影响是有所区别的，对社会发展的作用也是不一样的。红色文化作为先进文化的组成部分，能够助力经济发展。具体而言，包括如下两个层面。

其一，红色文化是市场经济发展的精神资源与文化财富。艰苦奋斗、公平、诚信等红色品格是社会主义市场经济有序健康发展的文化基础，它可以在一定程度上弥补市场经济的缺陷，助力社会治理的有序进行。红色文化产业和红色旅游是助推经济发展的重要动力与引擎。

其二，红色文化本身是可以产业化的宝贵经济资源。以红色文化为依托，发展红色文化产业，创造红色文化产品，是文化发展、文化软实力提升的重要内容。红色文化产业除了红色旅游之外，还包括以红色文化为主题的音像、图书出版发行以及歌舞、戏剧的编排制作推广等。目前，这已经成为快速增长的文化产业的重要组成部分。

二、红色文化融入高校社会主义核心价值观教育的对策

（一）嵌入性融入专业课教学

具体来说，可以从以下两个方面着手：第一，把红色文化与专业课教材结合起来。专业课教师在备课时要注意挖掘教材中的红色文化资源，同时要把它自然地渗透到课堂教学中，充分发挥专业课的隐性价值观教育功能。除此之外，还要注意结合专业特点融入红色文化。例如，英语专业，教师在训练学生翻译能力时可以将红色文化内容列为翻译内容；美术专业可以将红色历史事件等作为学习内容。总之，既要提高学生的专业技能，也要重视学生思想品质的培养。第二，有条件的学校要编写相关教材，专门开设红色文化与价值引领方面的课程。

（二）发挥新媒体价值引领助力功能

互联网是青年学生的学习和生活中不可或缺的一部分。特别是在信息科学技术迅猛发展的浪潮下，手机已成为一个综合性极强的多媒体工具，同时也是青年学生随时随地获取信息和知识的主要方式。

青年学生希望学校的社会主义核心价值观教育能够适应互联网和自媒体时代的发展趋势，要求在“配方”“工艺”“包装”等方面有所改进，但在当前新媒体时代，青年学生社会主义核心价值观教育尚未适应这一要求。理想与现实的差距要求高校必须适应自媒体时代青年学生的成长规律、社会主义核心价值观教育规律。我们要创新红色文化融入高校社会主义核心价值观教育的方式。

要唤起各方参与，并充分利用高校管理者、专家学者和辅导员等资源的力量。可以成立一个微博微信群，以学校官方微博微信为核心，同时涵盖学校各职能部门官方微博微信等，用于稳定和权威地发布信息，为学校核心价值观教育提供可靠的信息传播渠道。高校要加强组织和协调，推进名师、社团、班级和校友微博的发展，形成一个点对面的微博群，通过及时的信息交流和全面的舆情把握，发挥微博在校园教育引导中的重要作用，构筑学校核心价值观教育的“民间发布”平台。要通过多主体的共同努力，构建社会主义核心价值观发生作用的强大场域，提高社会主义核心价值观的辐射力。

要开拓多种形式。其一，高校可以与当地手机运营平台和各大通信公司建立合作关系，将红色文化融入手机软件，如将红色文化与手机短信、游戏、阅读、音乐结合起来，使红色文化及其价值理念以一种有趣、隐性、亲切的形式呈现在青年学生面前；其二，高校可以利用手机举行红色短信有奖大赛，对编辑优秀红色短信的青年学生予以奖励，从而调动青年学生参与红色文化活动的积极性。同时，高校可以建立学校公共微信平台和QQ群，在其中宣传红色文化精神和核心价值观，青年学生自己也可以在其中发表对红色文化和核心价值观学习的见解与成果，分享自己参观革命遗址的体会和感受。

第四章　当代青年社会主义核心价值观培育的方法与模式

本章主要内容为当代青年社会主义核心价值观培育的方法，分别对当代青年社会主义核心价值观培育的方法、当代青年社会主义核心价值观培育的模式、当代青年社会主义核心价值观培育实效性的评价机制展开论述。

第一节　当代青年社会主义核心价值观培育的方法

一、引导青年学生勤学努力

青年学生应不断追求真学问，让社会主义核心价值观融入内心的思想意识中，并体现在个人行为当中。古人云“学如弓弩，才如箭镞”。这说明学问和才能之间的关系就像弓和箭一样，才能的发挥要有学问作为根基和引导。现在，在经济发展和人类社会发展当中，知识的作用越来越显著，学习越来越重要，人类必须不断学习，才能够持续发展。因此，党和国家号召构建学习型社会、学习型政党，这要从学生抓起，引导学生勤学努力，树立理想，发展才能。

第一，要倡导和指引青年学生形成良好的学习意识和态度。从个人发展阶段来看，青年是发展和学习的最佳时期，需使其深刻意识到学习的意义和重要性。对于核心价值观的形成而言，学习是尤为重要的一个途径。当今是一个竞争激烈的时代、一个大发展的时代，学习是竞争和发展的动力。针对青年学生，要对其进行思想层面的引导，使其形成自觉、自主的学习意识，树立清晰的学习目标，形成健康的学习观，将学习放在重要位置，并将学习视为自己的责任和生活方式，以一种紧迫的心态进行学习。

第二，要帮助青年学生自主构建合理的知识结构，促使其拓宽知识面。青年学生不仅要在专业上精通，还要有牢固和宽泛的知识基础；不仅要结合当前的学习需求，还要考虑未来的发展；不仅要对职业相关知识进行深入学习，还要对马克思主义知识、人文知识、科学知识、社会知识等进行学习；不仅要加强理论学习，还要加强实践，要理论联系实际地掌握好发展个人、建设国家所需的知识并提升能力。

第三，要引导青年学生掌握科学的学习方法。方法能够体现思维水平，影响学习成效，这就需要青年学生正确处理好学与思的关系。只有在学中思、在思中学，以社会主义核心价值观为人生标尺，树立正确的世界观、人生观、价值观，青年学生才能求得真知，作出无悔青春的正确选择。

二、引导青年学生注重品德修养和道德实践

对青年学生进行社会主义核心价值观的培养，要重视其道德品质的培养和实践，使其不仅有高深的认识，又要接地气，公德、私德俱佳。

缺乏道德，国家就难以实现兴旺发达；缺乏道德，个人就难以立足于社会。不管是对于国家的稳定和发展，还是对于个人的成才和进步，道德都起着十分重要的作用。有了高尚的思想道德，青年学生才能战胜重重艰难，才能够在面对各种诱惑时始终坚守内心，进而承担起民族复兴的重任。在青年学生个人发展过程中，道德修养是核心素质。因而，高校针对“培养什么人、怎样培养人”这一教育核心问题，应当重视对于学生的道德教育，引导其磨炼自身意志和品德，形成向德向善的追求，进而将道德融入自身的生活，融入自己的内心。

第一，要强调道德养成教育。道德的养成既在于道德意识的形成，也在于道德行为的发展。在以往的教育中，在学生的道德养成方面，以说教的方式为主，缺乏对其道德行为习惯的重视，所以难以收获理想的效果。因此，在今后的教育中，要充分联系生活和行为实践，综合家庭、学校、社会教育，对学生进行引导，使其在日常学习和生活中，深入贯彻落实“爱国、敬业、诚信、友善”等核心价值观，并将其与自身的道德融为一体，能够明辨是非、善恶、荣辱。

第二，应强化道德实践能力培养。不管是何种道德活动、道德行为，从某种意义上而言，都是主体基于对某种道德规范的指引，对某种道德价值进行追求的

实践过程。所以，在对青年学生的道德教育中，要将道德实践视为根本，并对其道德实践能力进行重点培养，特别要培养其自觉践行的能力，并结合其生活，组织多样的道德实践活动，促使学生将社会主义核心价值观与自己的具体行动联系起来，如学雷锋志愿服务活动等，引导学生在实践过程中对道德形成更加深刻的感悟，对自身意志进行磨炼，实现知行合一。

第三，要培育青年学生的文化自觉。文化自觉是当代道德教育的必然使命。道德教育是一种文化性存在，道德教育的本意就是传承文化。面对当前文化全球化、文化多元化并存的现状，当代青年学生道德教育应当具有文化自觉意识。我们要通过培养青年学生的文化自觉，引领青年学生增强道德意识，提高其道德觉悟；要着力培育青年学生对本土文化的深切理解、对传统文化的批判继承以及对外来文化的兼容并包的能力；应大力加强青年学生的中华优秀传统文化教育，使其从中汲取丰富营养，筑牢广大青年学生践行社会主义核心价值观的思想文化根基。

三、引导青年学生学会明辨是非与思考

认识某一事物、做某件事情，都是基于一定的价值判断进行的，要进行一定的是非善恶的分辨。当今世界，各种矛盾盘根错节，多元文化与价值观并存，信息良莠不齐，善恶、美丑、真假、是非往往错综复杂地交织在一起，而青年学生往往生活在比较单纯的校园和家庭环境中，没有一定的社会经验和人生阅历，只有较为基础和单一的对道德和规则的认识，难以应对复杂的信息环境。因此，青年学生必须学会独立思考，要能够进行正确的价值判断，学会明辨是非和决断选择，这样才可以找到正确的方向。

引导青年学生学会明辨是非与思考，一是要引导青年学生加强理论学习。恩格斯曾经说过："一个民族要想站在科学的最高峰，就一刻也不能没有理论思维。"[①] 青年学生想要拥有明辨是非的能力，就要有较强的理论思维。青年学生进行理论学习有助于形成清醒的头脑，能够在政治上保持坚定的立场。只有引导青年学生加强理论学习，用中国特色社会主义理论体系武装头脑，帮助他们正确掌握马克思主义世界观、方法论，使之认清国情、增强明辨是非的能力，并坚定不

① 马克思，恩格斯．马克思恩格斯全集（全50卷）[M]. 中央编译局，编译．北京：人民出版社，2016.

移地走中国特色社会主义道路，才能使他们提高认识，避免政治上的迷茫、思想上的盲目，从而更加自觉地在思想上、政治上同党中央保持一致，在大是大非面前坚定政治立场，在关键的时刻找准正确方向。青年学生只有能够明辨是非，做出正确选择，才能够找准人生方向，走上正确的人生道路。

二是要引导青年学生坚定理想、信念。理想和信念是世界观、人生观、价值观的集中体现，是增强青年学生明辨是非能力的关键所在。要引导广大青年学生保持对马克思主义的坚定信仰、对共产主义的坚定信念、对中国特色社会主义的坚定信心，自觉地把个人理想和价值取向转化成投身改革开放伟大实践的动力源泉。青年学生只有树立正确的理想和信念，才能在大是大非面前看清方向，站稳脚跟，坚定不移地沿着中国特色社会主义大道阔步前进。

三是要引导青年学生学会思考。不会思考或者思考得不够全面和深入，就很容易导致是非观的偏差。所以青年学生要学会明辨是非，不能人云亦云，为舆论所裹挟，而是要独立思考。要对生活中的事物和现象多思考为什么，并基于充分的思考形成最终的结论。教师应当引导学生进行独立思考，采用讨论法进行教学，培养学生多方面、多角度思考问题的能力。对于他们思想中的疑点、难点问题，教师应采用启发式教学，积极诱导，鼓励他们敞开思想，进行积极的讨论和争鸣。与此同时，教师也应当鼓励学生独立思考。这就需要对学生的创新意识进行培养，使其具有问题思维，要对学生独立思考的结果予以适当的认可，要以开放、包容的态度对待学生的观点和认识，以鼓励的态度对待学生的思考，促使学生敢于思考、敢于表达、敢于提问，为学生的独立思考构建自由、轻松的氛围。青年学生必须学会思考、善于提问，进而更好地掌握知识，作出正确的价值判断。高校需倡导启发式教学，培养学生的问题意识，改变以知识灌输为主的教育，对学生的思维能力进行训练，从单一的知识和技能的灌输转变为学生学习方法的掌握和学习能力的培养。

四、引导青年学生脚踏实地

要实现理想就要真正行动起来，不积跬步，无以至千里。民族复兴、国家强大依靠的是一代又一代青年的持续奋斗。青年学生要朝着远大的目标一步一步地努力。只有扎实肯干、踏实做人、脚踏实地、不断奋斗才能够创建一番事业。

实干才能够走向成功，空谈带来的只有虚幻。青年学生必须要在实践中学习，知行合一，将社会主义核心价值观落实到切实的行为当中。

第一，应当促使青年学生深刻认识到“空谈误国、实干兴邦”[①]。高校应当教育和引导青年学生对这一精神形成本质上的理解和领会，促使其理解实干的重要性，在生活中自觉地将社会主义核心价值观落实到行动当中。应当帮助青年学生远离浮躁的社会风气，克服急于求成、眼高手低等不良的心态，引导其形成新型就业、择业、创业观念，促使青年学生敢于扎根基层，敢于扎根落后艰苦环境，踏踏实实地稳步前进，在自己的岗位上发挥耀眼的光芒，实现不凡的成就。

第二，应当培养青年学生强烈的责任感和敢于担当的品质。青年学生要在担当和奉献当中实现人生价值，感受到人生的意义和快乐。高校在教育中应当为学生提供实践和深入社会的机会，引导其将学习和实践融合，培养其责任意识和奉献精神，促使其做到知行合一，勇于担当，进而在实现中国梦的过程中实现自己的人生价值和个人理想。

第三，应当教育青年学生爱岗敬业。青年学生只有在爱岗敬业的基础上才能够做到实干，只有热爱自己的工作，以一种饱满的精神和责任感对待自己的工作，才能够充分投入工作中，为人民服务，为社会发展服务，为国家建设服务。唯有做好自己的本职工作，少空谈、少猜测、少非议，多行动，青年学生才可以真切地做到实干。

第二节 当代青年社会主义核心价值观培育的模式

一、主体性教育模式

（一）主体性教育的内涵

青年学生社会主义核心价值观教育是与教育主体的需要与满足密切相关的。主体的需要分为两个方面：一是社会进步的需要，二是个人发展的需要。青年学

① 安人和．河北日报：空谈误国 实干兴邦 [EB/OL].（2012-12-7）[2023-3-2]. http://cpc.people.com.cn/pinglun/n/2012/1207/c78779-19825448.html.

生社会主义核心价值观教育的主体性就是指：新时期青年学生对社会主义核心价值观在满足社会进步与人的主体性发展需要上所进行的自觉的、主动的选择。

1.社会价值与个体价值的统一

培养青年学生社会主义核心价值观的目的是满足社会稳定与进步的需要，推动社会政治、经济、文化的全面发展，这是其社会价值。社会主义核心价值观同时也鼓励人们进行主动、积极的创造性生产，这是它的个体价值。社会稳定与发展是社会主义核心价值观的外在需要，是其工具价值的体现。长期以来，我们在社会主义核心价值观的培育中忽视了个体价值、主体价值，过分看重社会价值、工具价值，导致社会主义核心价值观教育存在惯性的价值和功能的偏斜。

社会主义核心价值观不仅代表党的利益，能够反映社会要求，也代表了最广大人民群众的利益，它也是我们争取自身利益的根据。一方面，社会主义核心价值观传播了社会发展所需要的思想道德观念和规范，为社会发展提供了导航和舆论支持，满足了社会和谐、稳定、有序发展；另一方面，社会主义核心价值观促进了个体思想和行为的转变，发展和提升了人认识世界和改造世界的主体性和创造性，适应和满足了个人全面发展的需求。总之，不管是对于社会发展，还是对于个人发展，社会主义核心价值观都是有效途径。

2.社会主义核心价值的自觉需要与教育满足的统一

人的发展需要与社会主义核心价值观的教育存在自发与自觉、隐性与显性教育的差别。人之所以不同于动物，是因为人具有主观能动性，人的所有活动皆是在一定的思想指导下完成的。要想改变以往消极和落后的思想，就必须自觉接受先进、科学和系统的思想，这是一种自觉的发展状态。

在现代社会，人们要进行正确的选择，就必须具备良好的哲学功底。思想政治中的诸多思想可以提高人的辨别力和选择力。社会主义核心价值观就是这样一种思想。在社会发展过程中，人将面临各种各样的选择，这些选择又会呈现多种发展趋势，在现代社会条件下，这种多样性和不确定更为突出。多样化的选择在提高了人们选择宽度的同时也提高了人们选择的难度。社会主义核心价值观为人们提供了一个方向，引导人们做出选择。培育社会主义核心价值观是现代社会的一项重大使命。

（二）模式的建构

主体性教育模式最大的特点是它能够发挥主体性的优势，是教育理论与教育实践的中介模式。它既区别于理论知识，又不同于实践知识。主体性教育模式使主体性教育理论走向主体性教育实践成为可能。

1.理论基础

青年学生社会主义核心价值观主体性教育模式是在马克思主义关于人的主体性理论、思想政治教育主体性理论的指导下，发挥思想政治教师的主导性，并通过教育目标、教育方法的精心设计，突出社会主义核心价值观学习中青年学生的主要地位，最大化地激发其主动性和创造性，实现将青年学生培养成自我发展的主体和社会发展的主体的目标。马克思主义关于人的主体性理论是青年学生社会主义核心价值观主体性教育模式的理论基础，也是青年学生社会主义核心价值观主体性教育模式最普遍、最一般的指导。思想政治教育主体性理论是青年学生社会主义核心价值观主体性教育模式的学科理论基础，能够为青年学生社会主义核心价值观主体性教育提供具体、直接的指导。对传统思想政治教育模式弊端的反省和批判是建构青年学生社会主义核心价值观主体性教育模式的实践依据。传统的思想政治教育模式可以被概括为灌输式的学习模式、权威式的控制模式，在这种模式的教育下，青年学生的主体地位不能得到承认，主体性受到压抑，通常教师的主体性发挥也非常有限。所以，青年学生社会主义核心价值观主体性教育模式是在对传统思想政治教育模式进行的反思和辩证否定的基础上产生的。

2.模式的特征

青年学生只有具有明确的主体意识才能培养主动性。黑格尔曾说“主观性只是作为主体才真正存在”。主体性教育模式能够帮助青年学生树立一种思想，让他们认识到自己是社会主义核心价值观教育的主体，而不是一个被改造的“容器”。

（1）青年学生是主体，教师是主导

不管是教师还是学生都是能动的个体，都有主体性，在青年学生社会主义核心价值观教育中都是主体。但是在传统思想政治教育中，教师的教育活动是教师单向灌输和学生被动接受。青年学生社会主义核心价值观教育对这种教育模式进行了辩证否定和扬弃，更加强调学生的主体地位，并通过目标设立、过程教育、方法运用等一系列手段凸显青年学生在社会主义核心价值观教育中的主体地位，充分发挥其主体性。

（2）课程以发展性内容为主

教育目的经过具体化的选择就成了教学内容，传统的思想政治教育把知识的传授作为教育的主要目标，教育内容是教师认为具有传承性的东西。但是时代在发展，有些内容已经落后于时代并阻碍了青年主体性的发展，不符合今天的时代特征。社会主义核心价值观教育应结合实际，发掘生活中与教育目标相一致的教育内容并对其进行讲授或探讨，侧重选择有助于培养人的主体性和创造性以及实践能力的教育内容。

（3）教育形态上侧重养成教育

传统思想政治教育偏重知识的传授，知识的传授对提高青年学生的认知水平有一定作用。但是如果过于偏重知识的传授，则不利于青年学生主体性的发挥。传统的知识传授有一预设前提：青年学生是不成熟的个体，从而将青年学生置于接受知识、接受改造的客体地位。主体性和创造性能够在实践中得到提升。对于青年学生社会主义核心价值观主体性教育模式而言，其重要特征之一表现为侧重养成教育。信息时代的到来打破了教师对于知识、信息的垄断并影响了教师的权威地位。青年学生处于开放的环境中，学习方式发生了变化，获取丰富知识和信息的渠道增多，这些为养成教育的实施创造了极好的条件，为青年学生主体性的发展奠定了坚实的基础。

3.基本操作程序

当前在青年学生社会主义核心价值观培养当中，有关主体性教育模式的研究仍旧处于起步阶段，所谓模式必然对应着固定的程序，但是随着教育的发展，教育模式的程序也绝对不是毫无变化的，所谓固定只是相对而言的。下面对这一教育模式的操作程序进行尝试性阐述。青年学生社会主义核心价值观主体性教育模式如图 4-2-1 所示。

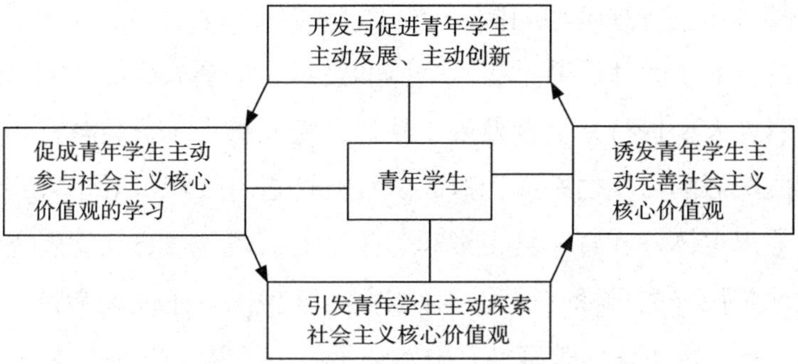

图 4-2-1　青年学生社会主义核心价值观主体性教育模式

（1）促成青年学生主动参与社会主义核心价值观的学习

想要对青年学生的社会主义核心价值观进行培育就要开展主体性教育，首先要启发青年学生的主体意识，促使其发挥自身主体性，并将之作为出发点。在主体性教育模式中，只有引导学生主体意识觉醒，才可以进一步提升其主动性、积极性、自觉性和创造性。要促使学生积极主动地参与教学过程，而不是使其处于被动的游离状态，应使其自主地展示和发展自己，成为自我发展的主体。教师应当自大一阶段起，带领学生自主进行社会主义核心价值观的学习，这对于主体性教育模式而言，一方面是起始环节，另一方面也是其循环中的一部分。正是这种循环使得这一教育模式能够长久发展。

（2）引发青年学生主动探索社会主义核心价值观

探索这种活动对于主体性而言有着很高的要求，对社会主义核心价值观进行主动探索能够有效促进青年学生主体性的发挥，尤其能够促进其实践能力和创造能力的发展。在这种主体性教育模式之下，学生要学习的主要内容就是社会主义核心价值观。教师应对社会主义核心价值观教育内容进行设计，促使青年学生在对其进行主动探索的同时，能够促进学生整体学习态度和状态的改善，构建主动学习、积极学习、自主发展的良好环境和有利条件。

（3）诱发青年学生主动完善社会主义核心价值观

从目的上看，这种主体性教育模式就是要推进青年学生从他教变革为自教。所谓自教指的就是自己对自己进行教育、改造和改善。在参与社会主义核心价值观主体性教育的过程中，青年学生需要坚持反省，不仅要自我反省，对自己的缺点进行改进，还需要对社会主义核心价值观进行辩证的思考，促进其不断完善，跟上时代和社会的发展。

（4）开发与促进青年学生主动发展、主动创新

基于最终目的，教师要通过促进个体的发展来推动社会的发展。从社会发展的客观要求看，人要进行社会性发展；从社会主义核心价值观教育要求看，其理论层面和实践层面的目标之一在于对人的社会性进行发展。对于青年学生的社会主义核心价值观主体性教育而言，推动学生发展，培养其自我发展主体性和社会发展主体性就是最终的目标。因此，应当重视学生的自主发展和自主创新。要以丰富的方式，在这种主体性教育中，引导学生启迪智慧，激发主体性，追求创新。

（三）模式的评价

主体性教育模式在我国的产生是改革传统教育的需要，也是发展现代工业社会的需要，更是促进人的全面发展和个性发展的需要。

青年学生社会主义核心价值观主体性教育模式的优点在于它不仅有助于革除某些传统教育的弊病、提高教育的功能、改进教育的方法，而且能深入揭示人的潜能、特性及本性，摆正学生在教育中的地位与价值，尤其是要弘扬青年学生的独立个性，进而为我国教育的变革和发展奠定基础和提供动力。青年学生社会主义核心价值观主体性教育模式主张在教学中突出学生的主体地位，从头至尾都强调以人为本，把学生看成学习的主人；教师作为激发学生学习的指导者，要重视学生的知、情、意、行以及潜能的发挥。

二、网络教育模式

当前人类历史已经进入了新的篇章，信息革命仍旧如火如荼，使人类的物质世界和精神世界发生了深刻变革。全球信息化的网络浪潮正在对我国社会发展产生深远影响，尤其是越来越多的青年学生已经被网络文化的魅力所吸引，网络环境有多种性质，如开放性、虚拟性、异质性等，这些性质强烈地影响了青年学生的思想观念和行为。

（一）模式的建构

从教育技术的角度来说，青年学生社会主义核心价值观的教学过程有四个基本要素，分别是教师、学生、教学媒体和社会主义核心价值观教学信息。这些要素之间有着复杂的相互作用，进而形成了相对稳定的教育模式。不管是何种教育

模式，其焦点都是师生关系，师生关系和教育效果、教育目的有紧密联系。

1.模式建立的基础

网络教育模式是对传统教育模式的突破和创新，是一种利用网络技术的新型教育模式，但没有完全脱离传统教育。相反，其应当与传统教育进行一定的融合。传统教育一直是以教师为中心的，教学手段以口传、板书为主，教学内容为教学大纲中规定的内容，学生的学习方式主要为听课、做作业、相互讨论等。在传统的课堂中，教师居于中心地位，负责对教学过程进行设计和组织，学生居于被动的地位，接受教师的知识灌输，如图 4-2-2 所示。

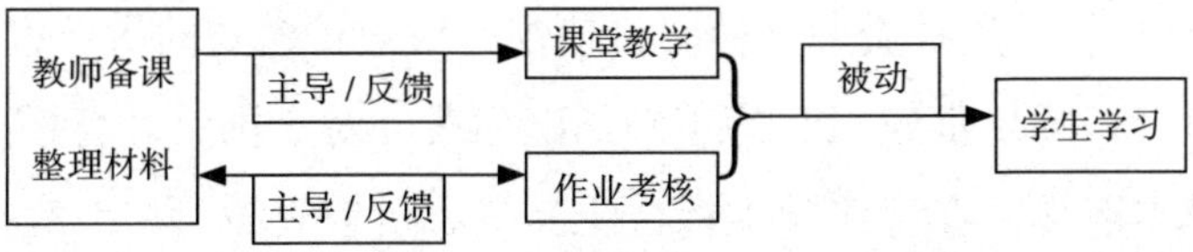

图 4-2-2　传统思想政治教育理论课教学模式

从思想政治教育产生发展至今，传统的理论课教学模式一直沿用，这证明其有自身的优势，对于当代的网络教育模式而言，具有很强的借鉴性。传统的教学模式具有权威性的教学大纲和教材，与之相关的科研管理制度、多种教学方式等；其教学是有着清晰而显著的目的的，是明显按照计划实施的，是能够调控的；传统的教学模式中有部分师生互动。

2.基本操作程序

网络教育模式是一种综合性的模式，一方面对传统的思想政治教育理论课教学模式进行了辩证吸收，另一方面采取了网络时代学生自学、自教模式，是两者有机结合后形成的新型的教育模式。这种模式重视和突出了思政理论课的导向作用，同时坚持以生为本的教学理念。其可以对思政理论课教学的政治方向性、科学性、计划性、目的性进行有力保证，能够促使青年学生以更加积极自主的态度进行社会主义核心价值观的学习，使得青年学生社会主义核心价值观教育更加具有实效性和针对性。青年学生社会主义核心价值观网络教育模式如图 4-2-3 所示。

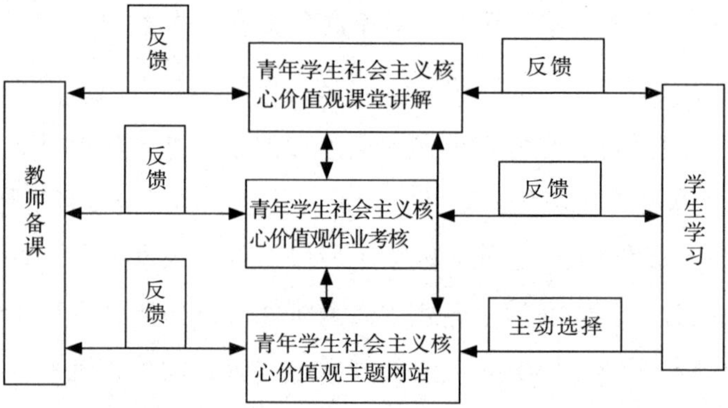

图 4-2-3　青年学生社会主义核心价值观网络教育模式

（1）确立青年学生社会主义核心价值观网络教育模式的指导思想

在信息时代，师生都应当坚持正确的网络观，对于网络教育模式而言，这是十分重要的基本前提。在青年学生社会主义核心价值观教育中，完全依靠网络是不可行的。但是不能忽视网络在教学中所具有的应用优势和广阔前景，网络使当代青年学生在认知方式上发生了变化，因此，采取青年学生社会主义核心价值观网络教育模式是促使青年学生思想政治理论课教育适应时代变化的一种创新。

（2）教师利用计算机进行网络教学备课

如今大部分学校都配有多媒体教室，其中包含计算机、投影仪、音响等设备，这有助于教师利用这些设备开展教学。目前在青年学生社会主义核心价值观教育教学方面，教师借助计算机辅助教学主要分为两个层次。

第一层次，采取电子教案。这种教案主要用到电子文稿演示软件，如常见的PowerPoint、Authorware，将其应用于课堂教学能够有效提升教学效率，应用这些软件制作课件难度低，不需要教师使用太复杂的信息技术，并且只要一般的计算机系统就能实现，易于更改和普及。第二层次，使用视频资料进行教学。很多情况下，青年学生社会主义核心价值观教育教学都会借助视频资料。厚重、真实、丰富的历史资料，触动人心的演说，都能够使青年深深沉浸其中，这使传统课堂缺乏吸引力的情况有所改变，有助于促使学生对教学内容形成更加深刻的理解，也能提升教学的感染力。

（3）建立青年学生社会主义核心价值观学习的主题网站

可以借助网站、网络社群、“双微”平台，以多样的形式对社会主义核心价值观进行宣传和弘扬，从而增强其感染力和吸引力，构建网络精神港湾。网络已经成为不可小觑的社交场所，应当将综合了知识性、思想性、服务性、趣味性的校园红色网站先建设起来，结合学生的关注点和网络热门话题进行各个栏目的设置和更新，及时发布新动态，并采取信息化的管理方式，实现思想同步互动和交流，对社会主义核心价值观教育进行时间维度和空间维度的扩展。与此同时，要在不干扰青年学生合法需求的条件下，构建和谐、清朗的网络传播环境，充分利用网络监控和有害信息屏蔽等技术，让社会主义核心价值观网络教育占据主动位置。例如，对青年学生社会主义核心价值观主题网站进行构建时，要进行精准、鲜明的定位，强调其育人功能；内容要严肃同时不失活泼，关注热点话题，作出正确导向，引发学生的关注和讨论；页面布局需适应学生的习惯，能够让学生方便地检索，既要避免页面在视觉上过于单调乏味，又要避免花哨。

（4）提倡青年学生学习社会主义核心价值观自我管理式的网络教育

对于青年学生社会主义核心价值观教育而言，校园网是一个重要的阵地，且对校园网的技术控制和管理控制较容易实现，进而构建良好的教育环境。需结合青年学生的心理特征和行为特征，对主题网站的管理方式进行优化和创新，融合管理和教学，强化管理育人，为青年学生社会主义核心价值观网络教育的落实提供有力保证。

对青年学生开展社会主义核心价值观的网络教育时，应在网络伦理、网络文化、网络法律和行为规范等方面有所侧重；教育其对网络形成正确认识，使其学会借助网络更好地学习和生活，但不能过分依赖网络。

（二）模式的评价

网络集计算机技术与通信技术于一身，其长处非常占优势：能广泛地对资源开展共享、对海量信息进行存储，信息传送速率快，交互方式丰富多样。对于已经传承数百年的传统的班级授课形式而言，在教学中采取网络教育模式，势必会带来新的挑战。网络教学与多媒体教学技术相比，后者只能被称为教学手段，前者则是教学上全方位的变革。

传统课堂教学有规定的课时数和上课时间，网络教育模式则挣脱了这种束缚，允许学生灵活地对学习时间进行安排。在传统的课堂教学中，教室是主要的上课场所，网络教育模式则破除了这种限制，允许学生在有网络和设备的情况下在任何场所学习。传统课堂教学只能对一个或者几个学生进行教学，网络教育模式则更具开放性，校内的全体学生能够对任何一节课进行学习，而大学本身是为社会服务的，校外的学生也能够无限制地参与学习，从而实现教学资源的充分利用。传统课堂教学以一对多为主，只能对少数学生进行辅导；也能够基于专业和年级进行教学设计，但是效果较弱。而网络教育模式更加具有针对性，能够对每个学生个体的学习情况进行了解和把握，学生可以基于自身需求对学习内容、目标和方法进行自主选择，这有助于促进其自主学习能力的提升。这种能力的提升对于高校学生具有重要意义。传统课堂教学因为课时数量有限，只能选择部分教学内容，而网络能够储存海量信息，有着庞大的信息库，学生能够在其中获得广阔的学习空间和丰富的学习内容，能够实现课程知识的拓展，可以对重难点进行反复而深入的学习，能够强化搜索和处理信息的能力。传统课堂的教学中，基本是一个教师教多个学生，但是网络教学模式下，不管是教师还是学生既能是个体，也能是群体，教师能够更加灵活地选择授课方式。传统课堂教学以灌输式教学为主，教师单向输出，学生被动接受，尽管提问、讨论等环节中能够实现一定的师生和生生互动，但是较为有限。网络教育模式具有显著的交互性，师生、生生能够自由互动，并且互动方式和途径多样，能够通过交流软件进行图文、语音、视频互动交流。

青年学生社会主义核心价值观网络教育模式具有以上所述的所有优点，但是任何事物都具有两面性，网络教学也不例外。

在青年学生社会主义核心价值观教育中，在网络教育模式下，教师对学生学习进行的是远程松散的间接控制，这既是优势，又是劣势。因为这对学生的自主学习能力有较高的要求，如果学生自控能力薄弱，不具备一定的自主学习能力和自律性，就难以通过网络教学收获良好效果。同时，网络教育模式有一定的硬件要求，需要学生通过网络和智能终端进行学习，部分不被网络覆盖的地区不能进行。此外，网络教育模式要求教师具备一定的信息教育技术，但这种技术能力不是能够在一两天之内掌握的。

三、研究性学习模式

当前大学中规范性和继承性的教学仍占主导地位。虽然满堂灌的课堂教学、整齐划一的考试标准近年来在许多专家学者的呼吁下已有所改进，但统一的教学计划、规矩的考试方式、严格的教学管理等仍然有很大的主导力量。这是导致青年学生缺失社会发展需要、缺乏创新能力与独立精神的原因之一。社会主义核心价值观的学习强调青年学生的自主性和研究性学习，是培养青年学生社会发展需要、创新能力与独立精神的重要途径和载体。

（一）模式的建构

21 世纪是知识经济的时代，是创新的时代，是人才的时代，社会渴求创新型人才。对于高校教育而言，培养创新型人才是重要任务，许多教育工作者认为应当实施研究性学习。这种教学模式是对传统教学观、课程观、学习观、师生观的颠覆，对于当前的教学设计理论研究而言，它开辟了新的研究空间。在构建这一教学模式时，教师要先做好教学设计，这样才能够为研究性学习活动的开展提供良好条件，但是这部分研究如今仍旧较为弱势。

1.教学设计原则

青年学生社会主义核心价值观研究性学习是一种综合性的实践活动课程。相比于一般的学科课程，两者有着本质上的不同：学科课程开发设计的根据在于学科逻辑体系，要求学生学习的是经过筛选的必要的间接经验；而研究性学习则是围绕着直接经验进行的，要求学生掌握的是直接经验，在这一过程中能够实现对学生创新精神的激发、强化，以及其解决问题能力的提升。

第一，青年学生社会主义核心价值观研究性学习活动具有反本质主义特征。教学活动的丰富性是研究性学习模式的特点，能给人以体验与自由，拥有鲜明的反本质主义性。青年学生社会主义核心价值观研究性学习活动最根本的特点在于它可以让学生根据学习社会主义核心价值观的需要动手实践，在实践过程中体验并学会学习和获得能力。在这里，学习已是生活的一部分，与生活融为了一体。青年学生社会主义核心价值观研究性学习过程是一个相对完整的生活过程，并非单纯的认识过程。第二，青年学生社会主义核心价值观研究性学习还具有反中心主义特征。社会主义核心价值观研究性学习由师生活动共同构成，师生之间是新型的对话关系，因而，教材不是师生之间的中介物，而是两个对话者之间用于交流的客体，这种交流沟通是带有人的情感温度的。第三，青年学生社会主义核心价值观研究性学习具有反基础主义特征。研究性学习不是从基本概念的学习出发，而是从在社会主义核心价值观中发现问题出发。在青年学生社会主义核心价值观研究性学习中，青年学生能够勇敢表达自己对于世间万物的认识和问题，挣脱“第一原理”的禁锢，抛离先验的假设。研究性学习不再执着于同一性和确定性，而是强调差异性和不确定性，对于传统教学中将重心放在知识经验的普遍接受进行了扬弃，使之转化为个性的生命体验。青年学生社会主义核心价值观研究性学习是开放的、不确定的，使主体的独特性和创造性得到确认，表现出一种挑战性。

2.教学模式

研究性学习模式的构成要素是什么？各要素之间的关系是什么？对这些问题的厘清是研究性学习模式建构的前提。下面先对研究性学习活动系统的实质进行探讨，并基于此建构研究性学习活动教学设计（ILACD）模式。

（1）研究性学习系统的分析

从列昂节夫的“活动理论”出发，学习就是主客体相互作用的一种活动，人类借此对客观世界作出认识和反应，获得与客观世界相关的知识经验。这种活动同时是一种系统，含有活动内容、活动结果、活动方式、活动过程、活动内外部特征等方面。对于这些构成要素和研究性学习活动本身特点进行综合分析可知，研究性学习系统的基本要素包括课题（问题）、学生个体、研究合作小组、学习环境、量表。

①在研究性学习活动中，“课题”是客体

青年学生在教师指导下能够把社会主义核心价值观相关问题变成自己研究的课题，进而明确研究性学习目标。对于学习效果而言，兴趣的作用十分重要，选择合适的课题，学生会更具学习兴趣和学习动机，从而在研究中兴致勃勃、乐此不疲。要想在社会主义核心价值观中找到合适的课题，青年学生就要放宽视野，不仅要扩展课程内容，也要基于社会主义核心价值观对社会热议事件和平常生活小事进行挖掘，找到自己感兴趣的课题。

②在研究性学习活动中，学生个体是主体

对于青年学生社会主义核心价值观研究性学习而言，其自身的智力因素和非智力因素都会产生一定影响。智力因素有智力品质、元认知、知识和技能基础；非智力因素有学习动机、情感、学习兴趣、意志、学习方式、性格等。只有对主体也就是青年学生个体的特征进行分析，才能够对研究性学习作出合理的设计。

③在研究性学习活动中，研究合作小组是学习共同体

在划分小组时，应当尽量实现小组内部异质、小组之间同质。前者能够使组内具有良好的互补性，实现合理的劳动分工，让每个成员都能够在小组的研究性学习中作出贡献。

④学习环境是学习资源和人际关系的动态组合

学习环境中不仅学习资源丰富多样，并且所涉及的人际互动也是交叉性的。前者主要包括学习材料、帮助青年学生学习的认知工具等；后者包括生生之间的人际交往和师生之间的人际交往。

⑤在研究性学习活动中，各种量表能为其各个环节提供支持

在一般常用的量表中，针对学生的为开题阶段的表格、实施阶段的表格、结题和评价阶段的表格，具体而言有课题研究方案设计表、小组课题实施方案表、实验记录表、活动计划报告表、调查情况记录表、访谈记录表、学生研究日记表、课题研究中期检查表、课题组研究成果报告表、课题组活动情况一览表、成果展示评价表、教师指导评价表、课题组研究成果报告表等；针对教师的为课题研究方案设计表、课题列表、选题记录表、开题报告评审单、课题研究方案评审表、课题研究中期检查表、实施过程监控表、结题评审表、课题研究成绩评定表；针对学校管理部门的为教师培训计划表、校外专家专题报告安排表、校内教师辅导报告安排表、学校研究性学习一览表、研究性学习课题实施进展情况检查表、研究性学习课程成绩一览表等。在实际的研究性学习中，上述量表有助于确定实际教学的规划、程序、方法，可以使得教学组织有规则可依据、工作组织有确定的形式。

（2）ILACD 模式

从研究性学习活动的教学设计原则，以及其系统要素关系模型出发，我们能够设计构建一个 ILACD 模式，这能够为教师提供帮助。在 ILACD 模式中，教学设计的对象主要有三个：问题情境、教学活动和学习环境。每个设计对象都包含若干要素，设计对象的要素还可以更加丰富。

①问题情境的设计

问题情境指的就是一种学生难以借助自身固有知识和方法直接完成，然而力所能及的学习任务。学生面对这样的学习任务，不能只对自己已经掌握的知识、方法进行使用，还要开发思路，发散思维，尝试学习新的知识、方法。教师需设计合适的问题情境，引导学生发现、提出问题。就如爱因斯坦所言“提出一个问题往往比解决一个问题更重要”。在青年学生社会主义核心价值观研究性学习中，首先要做的就是发现问题，问题情境能够为学生构建特定的任务，能够提升学生的学习兴趣和动力，激发其学习的积极性和自主性，以及认知内驱力，促使其思维更加活跃，从而使其提出问题，进而引出其解决问题的行为。根据心理学研究，对于动机而言，不确定性是其产生的一大诱因。在问题情境下，学生会产生某种不确定的需要，进而所引发的矛盾能够强化其求知欲和学习兴趣，形成学习意愿。南宋理学家朱熹说：“读书无疑者，须教有疑；有疑者，却要无疑，到这里方是长进。”心中越是充满疑问，就越要进行思考；越是深入思考，就越能有所收获。所以，对于青年学生社会主义核心价值观学习而言，激发其疑问和思考十分重要。

②教学活动的设计

问题情境是青年学生社会主义核心价值观学习活动的中心，在对问题的解决过程中完成学习任务。问题解决过程包含提出问题、搜集和分析资料、开展个体研究（即自主学习）和群体研究（即合作学习）、得出结论、描述研究成果等环节。在这一过程中，教师扮演组织和引导青年学生的角色，教师应当对学生的学习情况进行了解和监控，为其学习提供及时的、必要的帮助，促进其有效学习，还应当对其知识水平、学习动机、技能水平和学习风格进行分析，以知识和技能水平为分析的起点，以学习风格为分析的主要内容。在社会主义核心价值观教育中，教师要运用不同方法实施教学，约束青年学生的行为，指导青年学生的活动，并且教师应设定评价量表，主要评价合作过程和合作结果两个方面。合作过程集中体现在小组内聚力上，合作结果集中体现在教学目标的完成上。评价量表的内容具体包括青年学生在社会主义核心价值观合作学习过程中的积极性、发言情况、时间和精力投入、帮助他人情况、情绪表现、相互的接受程度、小组成员之间的关系和归属感、讨论的内容能否帮助解决问题、个人贡献、合作学习的量化成果等。其间，对于青年学生社会主义核心价值观研究性学习的评价要重视形成性评价，不能只关注过程性评价。

③学习环境的设计

研究性学习是在青年学生和学习环境的交互作用中开展的。交互性有两种表现形式：一是青年学生与信息内容的交互，二是青年学生与教师或者同学的交互，此为社会性交互。前者能够帮助其构建个体性知识；后者能够帮助其构建社会性知识。所以，学习环境的设计应该包括学习共同体与信息资源两个重要方面。所谓的社会主义核心价值观的学习共同体主要是指青年学生和助学者基于社会主义核心价值观的权威一起构建的团体，其中助学者主要有教师、专家、辅导员等，团体成员共同学习，在交流和分享中完成学习任务。

（二）模式的评价

青年学生社会主义核心价值观研究性学习模式的优点：首先，这一模式能够突出青年学生的主体地位。青年学生的地位由原来被动的接受者转为指示意义的构建者。其次，此模式提倡多元化的评价方式。教师、学生代表、学习者、学习小组之间进行学习评价，调动了青年学生在社会主义核心价值观学习中的积极性。

青年学生社会主义核心价值观研究性学习模式的缺点：研究性学习起源于西方国家，我国对此并无系统介绍，人们只是从零散的资料中获得对研究性学习的印象。再加上受杜威的影响，有人对“除了探究，知识没有别的意义”深信不疑。同时布鲁纳认为知识是过程，不是结果。这类片面的言论影响了人们的思维，让人们认为研究性学习是“过程教育”。在青年学生社会主义核心价值观研究性学习中只重过程、不重结果，对青年学生的评价只看重其技能和能力而忽视其对学科概念和原理的理解是不行的。

第三节　当代青年社会主义核心价值观培育实效性的评价机制

想要开展高校社会主义核心价值观培育活动，需要了解和掌握教育的实际效果，而评价机制能够切实反映教育效果。青年学生社会主义核心价值观培育实效性的评价机制是指通过对青年学生社会主义核心价值观培育内容、方式方法的效果进行全面、科学的评价，进而建立的反馈青年学生社会主义核心价值观培育效果的有机体系。为确保青年学生社会主义核心价值观培育实效性评价沿着正确方向科学、有序、协调地开展，就必须建构一套有效的评价机制。

一、建立健全政策评价导向机制

政策导向对于青年学生的全面自由发展具有重要作用，正确的政策导向机制是提高青年学生思想政治效果的重要保障。一般情况下，青年学生社会主义核心价值观培育政策主要是指教育评价中的奖惩政策，主要是指各种引导性政策。需要注意的是，进行青年学生社会主义核心价值观培育实效性评价重要的是以此为根据优化青年学生社会主义核心价值观培育，进而有效提升教育的质量和效果。评价的终点不是评价报告的提出，而是应该充分考虑评价在评价报告提出后的指导作用，因此必须在评价中制定一系列与评价对象切身利益、发展前途等相关的政策，以此让教育教学评价具有重要的导向作用。政策导向与评价对象的切身利益以及社会发展有重要联系，因此应该按照一定的步骤和阶段来落实。

二、建立健全技术评价支撑机制

青年学生社会主义核心价值观培育实效性评价应该充分利用先进的科学技术，以提升评价的科学性、准确性。

第一，组织专家进行技术指导。青年学生社会主义核心价值观培育实效性评价和其他专业学科的评价存在显著区别，它具有自身独特的理论体系和技术要求，因此，应该组织专门从事评价研究的专家、教授进行技术指导，让他们作为评委或顾问，以提高评价的科学性、准确性。

第二，为评价人员提供技术培训。要想提升评价的科学性，就必须提高评价人员的专业能力。要保证评价人员熟练掌握相应的评价技术，只有这样才能保证评价的准确性。因此，有必要组织评价人员参与技术培训，以此提升他们的专业水平，让他们在教育评价中充分发挥作用。

第三，建构科学准确的数学模型。数学模型的运用是青年学生社会主义核心价值观培育实效性评价具有科学性、准确性的重要技术支撑。一般情况下将数学模型运用于教育评价要构建三类模型，即检验类数学模型、信息处理类数学模型、评价定义类数学模型。数学模型的构建是提高评价可靠性、准确性的重要因素。

第四，运用高新科技成果。科学技术的运用能够提升青年学生社会主义核心价值观培育实效性评价的科学性、准确性，能够促进教育评价的科学化发展，对加强科技在教育评价中的应用具有重要的意义和作用。例如，在青年学生社会主义核心价值观培育实效性评价中使用现代技术设备，以此实现评价的数字化，以保证社会主义核心价值观培育实效性评价的理论、实践与技术都能实现符合时代特色的科学化发展。

第五章　当代青年社会主义核心价值观培育的创新发展

本章对当代青年社会主义核心价值观培育的创新发展进行介绍，主要内容分别是当代青年社会主义核心价值观培育的理念创新、当代青年社会主义核心价值观培育的机制创新、当代青年社会主义核心价值观培育的路径创新。

第一节　当代青年社会主义核心价值观培育的理念创新

一、立足中华优秀传统文化创新社会主义核心价值观教育理念

中华优秀传统文化不仅是中华民族智慧的结晶，而且是中国人的价值观念和文化积淀的基础，是我们建设和谐社会、追赶世界上最先进的教育和文化潮流的精神支柱。教育现代化改革可以从中华优秀传统文化的育人理念中得到启示，强调人文和科学精神，注重培养学生的实践能力和感悟性。在当前社会转型时期，如何将中华优秀传统文化资源融入学校思想政治教育之中，成为摆在我们面前的重大课题。

（一）加快发展人格教育

中华优秀传统文化所蕴含的人格教育理念注重整体而非个体，体现了一种舍身为义的公益性的精神；自觉地强调内涵而非形式；其教育的目标在于培养受教育者的高尚品格，强调塑造受教育者自强不息、仁者爱人的崇高精神，以及集真、善、美于一体的高尚品格。传统育人理念强调在人类社会中进行教育的重要性，并高度重视人格的修养。要弘扬中华优秀传统文化，引导受教育者树立崇高的理

想信念；要推广中华优秀传统文化，倡导以安贫乐道为核心的价值观，提升受教育者的生命境界；要弘扬中华优秀传统文化教育守正创新的历史观，培养受教育者良好的思想道德素质；要弘扬中华优秀传统文化，倡导重视道义而轻视利益的名利观，引导受教育者树立共同的价值观和奉献精神；要弘扬中华优秀传统文化，倡导爱国奉献的世界观，培养受教育者高尚的责任感和爱国情怀；要推广中华优秀传统文化和崇尚中华优秀人际交往理念，引导受教育者认识到与他人和谐相处、共同进步的重要性。中华优秀传统文化所倡导的高尚人格以道德为核心，蕴含着入世锤炼、保家卫国等务实性特征。中华优秀传统文化中所蕴含的这些人格特质与当代青年学生思想道德建设目标有较高契合度。在我国现代德育素养培育中，中华优秀传统文化育人理念所倡导的经世济民、民吾同胞、入世进取等理想人格，为受教育者塑造了一种自觉、仁爱、心怀天下、积极向上的道德品格，为教育现代化进程提供了重要的启示和借鉴。

（二）明确人才培养目标

在传统文化中，教育思想中所追求的文化、道德修养、家庭和社会责任感、刚毅进取、忠君爱国等，都是被中国人所推崇的。现代公民文化、德育素养的培养以及政治、法律、民主素质的培育，都可以从传统育人理念中获得重要的借鉴意义。该理念强调君子风度的内修之道为修身、养性，外铄之道为官学、私塾及家庭教育，立志其“仁义”之修行，最终通过“外王”之途径，塑造其由“明德”“亲民”到“止于至善”的君子品格。君子当以磨砺“品格”之艰辛为其内在之道；人类追求的是通过修行塑造出独特的“人格”，这是外在追求；二者均可称为“道”，但又有区别。就其实质而言，这两个概念具有相同之处。儒家认为人的道德情操源于内心修养，而修德必须从苦行开始。华夏儿女在追求君子之道的过程中，时刻被“重义轻利”“忠君爱国”“敢为天下先”的精神所激励，不断挑战自我，追求更高的境界。儒家所倡导的修身养性之道，是将内修、外铄和力行有机地结合在一起，形成一种三维的综合状态。由此，为了培养当代公民文化和德育素养，我们应该以塑造高尚的君子人格为目标，建立基本的人格教育和品行引导机制，注重传统文化的时代性转化，扩展国人文化和德育素质教育的载体，为国人君子人格的培育创造良好的外在环境和实践机制，以期达到内化君子人格、外化社会风尚的效果。

（三）强化通识教育作用的发挥

从教育范式的角度来看，中华优秀传统文化所倡导的君子观教育理念属于通识教育的范畴，而价值观教育是传统育人理念的内核，也是践行社会主义核心价值观的基本要求。诚信教育是现代教育理念的价值观基础，也是当今教育理念中的重要内容之一。它始终被看作中华优秀传统文化中，对人进行教育、对人进行培养的根本，是交友的基本准则，是成家立业的基础，是治国理政的基石。此外，研究诚信教育旨在为我国当代通识教育提供启示和借鉴，进而加强诚信教育，培养适应时代潮流的通识与优秀人才，同时为当代青年学生的理念政治教育提供重要的借鉴价值。

总体而言，中华优秀传统文化育人的实质是培育人的人文素养和精神品质，属于通识教育范畴。在当前社会转型的背景下，要想更好地将社会主义核心价值观贯彻到实践当中，将中华优秀传统文化的软实力发挥到极致，就必须携手传统的育人理念，让中华优秀传统文化的育人理念在时代中得到认同。

二、运用新媒体发展创新社会主义核心价值观教育理念

新媒体是相对于报刊、广播、电视等传统媒体而言的媒体形态，它以互联网、数字存储和移动通信为技术支撑，以网络论坛、手机报、博客、微博、微信、数字电视为主要形态，是一种向社会公众提供信息服务的新兴媒体。人们的生活方式正在被新媒体的互动性、即时性、海量性、共享性、多媒体和超文本、个性化和群体化等特点所深刻改变。在这种背景下，高校作为培育人才、传播知识的主要阵地，如何适应时代发展的需求、加强社会主义核心价值观教育显得尤为重要。自新媒体诞生至其鼎盛时期，其信息更新周期短、速度快以及认可度高、应用范围广等特点与当前大众需求完美契合，其也成为青年学生获取信息和进行社交沟通的重要渠道，因此它对于创新高校社会主义核心价值观教育理念，提出了客观而迫切的要求。

（一）新媒体时代创新青年学生社会主义核心价值观教育理念的必要性

新媒体时代青年学生社会主义核心价值观教育面临着许多新的问题，这些问题的存在在客观上要求我们必须认真思考青年学生社会主义核心价值观教育理念的创新。

1.青年学生心理及传统教育理念面临的新变化

（1）新媒体时代青年学生群体心理价值倾向的变化

在当前的年轻学生群体中，新媒体所带来的影响尤为显著。新媒体以它特有的传播优势与功能作用于当代青年学生思想政治教育工作当中。现今在校的年轻学子所处的独特成长环境塑造了他们一些独特的价值观，这些价值观在现实生活中常常呈现出鲜明的个性特征——注重自我或彰显自我，追求个性解放和实现自我价值，对传统文化往往表现出一定的疏远心理。在虚拟网络空间中，青年学生接触到新媒体后，他们的社会身份和附加属性被剥离，从而使得他们的交流变得更加隐蔽和自由，相应言论和表达也变得异常活跃和流畅，话题价值取向和是非观念取向总体呈现出正向和积极的趋势，然而，由于青年学生的心理特征和喜好偏向，他们也常常以一种非常态化、调侃自嘲的方式进行表达。高校社会主义核心价值观教育工作者在新媒体环境下也面临新的机遇和挑战。为确保新媒体时代青年学生社会主义核心价值观教育的价值理念得到创新，我们必须确立其价值基础。

（2）获取知识渠道多样、知识更新速度加快的变化

在这个信息爆炸的时代，新媒体的兴起为我们带来了前所未有的机遇。随着信息时代的发展，人们获取知识的方式和途径变得越来越多元化，尽管纸质文本的阅读和课堂讲授仍然发挥着一定的作用，但网络的介入已经彻底改变了以往单一获取知识的渠道，网络已经成为人类获取知识的重要方式。教师不再是信息的唯一占有者，这对教师话语权造成了一定的影响。当教师的地位受到影响时，社会主义核心价值观教育理念必须顺应时代变革，以新媒体的介入为基础，通过大量信息的刺激，实现知识的快速更新和创新。在过去，人们只需参加“课堂”学习，认真学习即可获得成长所需的知识和力量，掌握重要或主要信息可终身受益。但如今，随着新的语境和发展空间的到来，社会对人才培养提出了更高的要求，因此“复合型”人才和“创新型”人才应运而生。众所周知，建构主义理论在今日的教育领域发挥着自身的优势，在学习方法上，提倡自主式学习、合作式学习、探究式学习等。各种学习方式的涌现皆与新媒体时代息息相关。首先，信息的爆炸与协作式学习息息相关。在新媒体时代，信息的获取和利用变得更加高效和便捷，因此那些拥有更多信息量的人将拥有更强的竞争力，但每个人的时间和精力

有限，因此合作式学习便出现了。其次，知识的快速更新与自主式学习密切相关，二者相辅相成，相互促进。在信息时代，知识更新速度越来越快，而人对事物的理解也越来越深刻。或许我们所拥有的书籍仍是信息的重要储存工具，但随着网络资源的日益丰富，以及信息展示的多元性，教师的角色定位面临着巨大的挑战，同时这也促使学习者更加注重自主学习。最后，探究式学习与新媒体时代所塑造的对话语境相互交织。在网络环境下进行自主式教学需要新媒体技术的支持。在新媒体时代，每个人都有机会成为信息的主人，因此，学习者和讲授者之间的地位和相互关系发生了微妙而重要的变化。

2.教育理念要与时俱进

青年学生社会主义核心价值观教育必须充分发挥新媒体的特色和优势。近年来，高校社会主义核心价值观教育研究不断深入，在相当长的时期，高校社会主义核心价值观教育是以传授、评论知识为主，按照主题来设计理论板块。如果按照主题进行纯粹的理论知识传授难免会枯燥、乏味、单调，也会与青年学生实际需求、社会现实问题以及社会实践脱节。高校社会主义核心价值观教育工作者应该把握时代的脉搏，从青年学生实际需求出发，充分发挥新媒体的作用。

传统的社会主义核心价值观教育模式中的教育主体的确定性与新媒体条件下社会主义核心价值观教育主体的模糊性和不确定性形成了对比，在新媒体条件下，社会主义核心价值观教育更注重讲授者与学习者之间的互动和平等交流。因此，在新媒体条件下，对青年进行社会主义核心价值观教育应当体现出立体性、动态性特征。

3.要体现内容与形式的融合

作为一种教育媒介，新媒体具有不可替代的形式或工具意义。在新媒体环境中进行社会主义核心价值观教育，需要坚持正确的舆论导向，在尊重差异、包容多样的原则下展开工作。在新媒体条件下进行社会主义核心价值观教育，必须确立并贯彻社会主义核心价值观教育的价值理念。在新媒体条件下，如果没有将社会主义核心价值观教育的价值内涵作为支持，那么，社会主义核心价值观教育将会流于形式，甚至会与实际的社会主义核心价值观教育背道而驰。在新媒体条件下，我们需要创新社会主义核心价值观教育理念，以传统社会主义核心价值观教育为基础，同时拓展更新社会主义核心价值观教育形式，建立一种有效的模式，并将新型社会主义核心价值观教育形式与传统社会主义核心价值观教育形式相结合，从而实现两者的互通与融合。

（二）新媒体时代青年学生社会主义核心价值观教育理念的转型

自20世纪末以来，学术界一直倡导“以教师为主导，以学生为中心”的教育理念，如今，这种理念已经得到了广泛的认可。在这种环境下，高校的思政教学工作需要不断改革和创新，才能适应社会的发展趋势。要真正贯彻“以学生为中心”的教育教学理念，不能简单地让学生进行讨论、发言或参与到“教”环节中。要实现真正的改革或全面的变革，最大的挑战和困难在于对传统教育理念进行解构，这需要在思想、观念上进行深刻的变革。更确切地说，要彻底改变教师的“知识话语霸权”，真正地把学习还给学生。只有这样，“师本”到“生本”的转变才有可能实现。在新媒体时代，教师的解读并非唯一正确，学生从网络上获取的信息或许比教师的解读更具合理性，学生的真实感受和体会或许比教师更具新意，甚至能有超出教师预期的收获。在这种背景下，学生会获得有趣的思考，从而孕育出一种全新的教学模式。我们要在“生本”的背景下提倡和维护教与学相辅相成、相得益彰的教学理念，使教学的成效超出对“师本”的传统设想。

随着新媒体时代的到来，教育理念的转型必须朝着动态模式的方向发展，从封闭型模式向开放型模式的转变也势在必行。从传统到开放的转变是对人类认知方式的一次革命。在当今信息不断变化的社会中，当各种错综复杂的事件呈现在我们面前时，传统的静态、封闭型的分析方法和解读视角已经失去了其应有的价值，取而代之的是一种具有活力和开放性的全新思维模式和认知规则。这种新型的思维方式就是“立体式”思维方式。新媒体时代的到来使我们进入了一个以立体思维取代线性思维、或然律取代必然律的时代。在新媒体时代，社会主义核心价值观教育理念之转型是大势所趋。在这一宏大命题中，注重“师本”向“生本”转化，突出教育者的教育自觉与学生的践行自觉是社会主义核心价值观教育的现实需要。社会主义核心价值观教育理念转型任重而道远，转型之路尚待更深入地行走。

第二节　当代青年社会主义核心价值观培育的机制创新

一、协同机制创新

构建协同机制的目的是将那些对高校青年学生社会主义核心价值观培育起到作用的各种因素进行有机整合，使各因素都可以充分发挥作用。其作用机理是围绕高校青年学生社会主义核心价值观培育协同中心，以高校青年学生社会主义核心价值观培育对象为出发点，规划教育协同预演。教育协同机制的构建首先要建立两个层次的系统。一个层次是青年学生社会主义核心价值观培育内部系统。各要素协同整合形成合理结构，实现整体优化。另一个层次是青年学生社会主义核心价值观培育外部系统。借助各种平台和载体，青年学生社会主义核心价值观培育要与其他系统有机结合，前提是必须保持自身的性质和特点。这两个系统的建立既能够保证青年学生社会主义核心价值观培育系统的完整性，又能提升青年学生社会主义核心价值观培育的社会适应力。

第一，要明确青年学生社会主义核心价值观培育的出发点和落脚点。青年学生社会主义核心价值观培育实践应该与群众实际利益问题有机协同，承认一定的利益成分的合理性因子。青年学生社会主义核心价值观培育要使青年学生认清利害关系，使青年学生社会主义核心价值观培育更接地气，落到实处。

第二，要使青年学生社会主义核心价值观培育目的与文化的熏染协同一致。青年学生社会主义核心价值观培育要做到对组织成员态度和行为产生影响，其途径是多元化和多角度的，其中对组织成员的思想认识、价值观产生影响是最为深刻的。青年学生社会主义核心价值观培育可以通过巧妙借助文化的无形力量，推动教育目的的有效实现。

第三，要充分了解青年学生的实际需要和心理情况。细心研究受教育者在情绪情感方面的差异性和不稳定性，也就是青年学生社会主义核心价值观培育活动应该与社会群众的情感协同起来。教育者要坚持进行党的路线方针政策的宣讲，力求取得社会成员的认同并使其达成共识，并在人们爱党、爱国、爱社会主义情感增强的基础上，分层次、有针对性地做好一人一事的教育疏导工作。

二、全网络监督机制创新

近年来，网络的发展对社会各个方面产生影响，涉及的范围也十分广泛。网络不断渗入人们的学习、工作和生活中，对人们的思想观念、行为方式等均造成了一定影响，尤其是对于正处于思想形成关键时期的青年学生来说，网络对他们的成长和发展产生了巨大影响。网络在整个社会中得到了广泛应用，对青年学生的影响很明显，这种影响既有正面的也有负面的。网络已经成为青年学生获取知识和信息的重要渠道，也是他们进行思想沟通和情感交流的重要途径，在他们的学习和生活中网络都发挥着不可替代的重要作用。网络是一个开放空间，在这个空间内充斥着各种信息，其中不乏一些不良信息，这对青年学生的健康成长造成了负面影响。随着互联网的不断发展，不同文化之间的交流变得更加频繁和深入，从而激发出了全球文化创新的无限可能，新兴文化的涌现为高校思想政治教育文化事业的蓬勃发展注入了新的活力，这对于促进高校思想政治教育文化事业的发展是有利的。但与此同时，网络也为社会主义核心价值观培育带来了一定的挑战，网络的开放空间为社会带来了新的文化冲突和矛盾。

（一）规范校园上网管理

为了使青年学生更好地适应本校的实际情况，高校应当进一步完善校园网络环境，以提升学生的上网体验。高等教育机构应当充分发挥自身硬件设施的优势，为高校建设更多的校园上网场所，并制定如青年学生上网规定和校园网络文明公约等相应的规章制度，以加强对青年学生上网时间、场所和内容等方面的管理。同时还要采取多种措施，加大对校园网的安全防范力度。要通过网络法制建设，提升网络管理效能，运用先进技术手段对反动、黄色或封建迷信等内容进行彻底检查和制止；同时也要利用各种媒介和途径，加大网络法制教育力度，使其成为青年学生健康上网的重要保证。要确立一套完备的网络监管机制，引导年轻学子和网民自觉遵守网络行为规范，从而在高校营造一种健康、透明的网络生态。

（二）建立健全校园网络与信息安全管理制度

在当前的信息网络时代，高校必须进一步加强校园网的管理与监督，应该建立、健全符合国家法律规定以及自身实际情况的网络管理制度，加强对网络信息的监管，以此提升校园网络的安全性，为青年学生提供环境良好的网络空间。具体来说，高校应该合理规划校园网络系统，将校园网络的管理职责落实到具体的部门和个人；加强网络系统硬件管理，建设专业的校园网络管理队伍并为他们进行定期和不定期的专业培训；建立健全校园网络信息发布与监控制度；建立健全师生网络行为监控与管理制度等。校园网对于当前的高校教育来说具有重要作用，因此必须加强校园网的管理与监控，这就要求高校建立健全网络系统管理与信息安全监控制度，以此保证校园网充分发挥其在社会主义核心价值观培育中的作用，并为广大师生员工提供良好的校园服务。

三、评价机制创新

（一）评价手段创新

选择合适的评价手段是保证评价结果科学、准确的重要因素。青年学生社会主义核心价值观培育评价手段是教育评价的一个重要方面和重点内容，创新青年学生社会主义核心价值观培育评价手段对于揭示高校思想政治教育的客观规律、促进教育活动的深入开展、提高青年学生社会主义核心价值观培育的针对性和有效性，具有重要意义。

1.积极运用网络平台

当代数学学科的发展与完善、计算机技术的普及为青年学生社会主义核心价值培育与评价提供了一个新的平台与途径。我们利用现代数学和计算机技术可以实现教育评价的科学量化。传统的思想教育与青年学生社会主义核心价值观培育评价很难被量化，这是由于思维活动中既有确定的因素，也有不确定的因素，如随机因素和模糊因素。对于确定性现象，可运用传统的数学方法，严格、准确地加以分析、处理；然而，用传统的数学方法却很难处理不确定的思维现象。随着数学领域的不断发展，数理统计、模糊数学相继建立，它为解决我国青年学生社会主义核心价值的培养与评估这一问题提供了一种行之有效的方法与手段。计算机的普及无疑为量化评估提供了很好的技术保障，为青年学生社会主义核心价值观培育评价的科学化开辟了广阔的前景。随着网络技术的发展和普及，相较于传统评价，网络评价具有显著的优势，最明显的就是“时间无屏障”“信息无屏障”

等优势。因此，在坚守传统方法的同时，必须善用网络这一新兴的评估工具，以达到更好的效果。评价者在网上进行满意度测评时，无须担心操作烦琐、点击不便等问题，同时，由于其匿名性，评价者可以自由表达自己的想法。网上满意度测评有利于提高对青年学生社会主义核心价值观教育效果评估的客观性和准确性。网络系统评估既能将评价作为一种常态化的教育质量监测与信息服务方式，又能在过程与成果上实现“阳光评价”，还能在现场评价中节省评估者与被评者的时间，具有重要意义。

2.贴近学生，重视热点性和创新性评价

在当前复杂多变的国内外形势下，我国的青年学生社会主义核心价值观培育工作任务艰巨、责任重大。传统教育评价通常不会与学生群体有过多联系，没有充分发挥青年学生群体对于增强青年学生社会主义核心价值观培育实效性的重要作用，这样就难以解决好难点和热点问题。认真学习宣传贯彻社会主义核心价值体系，加强对中国特色社会主义的理想信念教育，不仅是当前教育工作的头等大事，而且是培养青年学生思想品德的需要，因此，我们要切实抓好这一工作。与此同时，在当前青年学生社会主义核心价值观培育的过程中，生活服务保障、贫困生资助、评优评奖、就业指导、权益保护等与青年学生切身利益息息相关的问题，也是目前青年学生社会主义核心价值观培育的热点问题，因此我们必须从教育的角度出发，寻求解决之道。随着网络逐渐成为人们生活中的一部分，以及处在不断开放的社会环境中，青年学生的学习、生活环境也日益复杂，对于青年学生社会主义核心价值观培育来说，其面临着全新的问题和挑战，尤其是在理想信念教育、心理健康教育、网络思想政治教育等领域，需要加强调查和深入研究，积极创新理论和实践形式。青年学生对社会主义核心价值观认同程度不高与当前社会环境下的各种影响因素密切相关。高校青年学生社会主义核心价值观培育评价手段的创新应以学生为中心，贴近学生需求，总结提炼理论性成果，并将其应用于新的工作实践中。

3.注重差异，进行分类指导

从青年学生社会主义核心价值观培育活动实现的宏观层面来说，分类指导是指按照青年学生的实际情况因材施教，强调选择最合适的教育方法和手段。而对于青年学生社会主义核心价值观教育评价来说，分类指导主要是在了解和掌握各校特色和亮点的基础上，指导学校之间的互相借鉴和学习，用适合本校的方法来对本校的社会主义核心价值观教育进行评价。由于各校基础不同，对于青年学生社会主义核心价值观培育的评价模式不能简单地套用，需要根据实际情况进行个性化的调整。要根据不同地区、不同高校自身实际情况进行选择。为了拓宽视野、开阔眼界、进一步加强和做好教育工作，我们可以采用鼓励同类学校之间相互学习和借鉴的方法，以发现差距、改进工作，从而实现目标。

4.统筹评价手段

（1）现场考查

在青年学生社会主义核心价值观培育评价中，现场考查是比较常用的评价手段。对这一评价手段的创新，应该体现在“听、看、查、访、询”等环节。

“听”。评估者要听取青年学生社会主义核心价值观培育工作情况汇报，汇报的内容和形式取决于内部评价的类型，它可以是全面、综合、集中的书面形式，也可以是单项、专题、分组的口头方式。

“看”。评估者对于青年学生社会主义核心价值观的培育必须进行实地考察，全面了解教育工作的条件、场所和设备等硬件，包括但不限于思政理论课教学机构，心理健康教育咨询中心理论性学习社团，主题教育网站建设、科研、实验、办公或活动用房，以及专用计算机室、图书资料等的配备与购置，这些都必须在“看得见、摸得着”的情况下被评估。

“查”。对于青年学生社会主义核心价值观培育的相关资料，评估者需要进行随机抽查，包括但不限于规章制度、教育工作计划、工作总结、会议记录、活动方案、文件通知、宣传手册、获奖证书、媒体报道材料等，其中规章制度涉及教书育人、管理育人、服务育人和文化育人等方面，是需要重点查阅的内容。

“访”。这主要是指对青年学生社会主义核心价值培育进行集体座谈和个人访谈，在座谈和访谈中，要将教师和青年学生纳入其中，青年学生又可以被分成不同的对象，着重于青年学生，深入地认识青年学生。全员育人的主体的“三支队伍”可被划分为党政干部和共青团干部，以及思政理论课和哲学社会科学课的教师、辅导员和班主任。

"询"。这里指质疑和问询，它贯穿于青年学生社会主义核心价值观培育现场考察评价的整个过程中，通过质疑和问询可以使评估者对青年学生有进一步的了解。评估者可以对被评价单位或观测点负责人进行当面质疑和问询。现场考察虽然是一种传统的考评手段，其具有一些其他现代考评手段不具备的优势，但是这种评价方法的成本高、效率低，并且开放性和透明度相对不足，对教育过程的重视程度不足。现代考核手段很大程度上依赖信息技术，尤其是依赖网络技术，这些科学技术和手段使教育评价突破了传统的界限，评价者只要介入互联网就可以进行教育评价，也就是说现代教育评价实现了跨空间评价。

（2）网络工具

随着网络的发展，当前高校在开展青年学生社会主义核心价值观培育评价中也会积极运用网络工具，这可以提高评价的效率。一般情况下，开展青年学生社会主义核心价值观培育网络评价会按照以下程序进行。

第一，建立健全网络评价系统。当前，青年学生社会主义核心价值观培育需要在网络上进行，因此必须在网络评价平台上搭建相应的网络评价系统，以此为青年学生社会主义核心价值观培育评价提供科学的专用网站，该网站需要包括评价组织管理网页、评价专家操作网页、评价对象参与网页、群众参评页等。在该系统中，教育教学评价的组织者可以随时对评价专家、评价对象和其他评价者的身份进行切实有效的认证。

第二，进行数据收集和整合，以获取评价信息。在具体工作中，可根据实际情况选择不同的收集方法。一般情况下，评价数据的搜集与整理工作是由评价组织者、评价专家及评价对象合作完成的。首先是测评组织者在组织管理网站上给出测评指导数据，然后是测评专家采用抽样、调查等方法对测评数据进行科学化的收集，最后是测评主体在网站上提交测评结果，剩下的工作让在线测评系统根据设置好的流程自动进行。

第三，制定网络评价指标体系。在进行青年学生社会主义核心价值观培育评价时，必须制定科学的网络评价指标体系，只有这样才能保证评价的准确性。制定该体系，要求评价组织者与评价专家充分考虑教育目的和被评价者的实际情况，以此制定具有针对性的评价指标，并将这些指标有机地组合在一起，形成科学的网络评价指标体系。

第四，确定网络评价权重系数。评价者要根据青年学生社会主义核心价值观培育的目的与受评对象的实际情况，全面分析各相关评价因素以确定各评价指标的权重系数。

第五，进行讨论并作出评价。网络评价系统中，评价者和评价对象可以进行讨论交流，这与其他教育评价不同。通过网络评价平台，评价者可以就某个问题与评价对象展开讨论。必要时，评价者还要与评价对象就评价问题进行沟通与探讨。在讨论交流的基础上，评价对象和参评群众分别在各自的网页上测评专家或进行自我测评，然后给出测评意见。

（二）评价内容创新

青年学生社会主义核心价值观培育评价的内容十分丰富、全面，包括教育目标的实现情况、教育任务的完成情况、教育内容的科学性、教育方法的合理性和教育组织形式的有效性等，这些都在评价的范围内，都需要按照一定的客观尺度进行评价，而且必须对其进行评价才能进一步反馈和预测。评价青年学生社会主义核心价值观培育的内容，体现了学校对人才培养的基本核心和社会对人才的基本要求，同时也反映了青年学生社会主义核心价值观培育工作的导向。随着教育现代化的推进，对于青年学生社会主义核心价值观的培育，必须进行现代化内容的更新和提升。从现代性视角分析青年学生社会主义核心价值观形成过程中所面临的困境及产生困境的原因，我们可以看到青年学生在成长成才中存在诸多问题。现代社会对人才有需求，要求个体具备主体性精神、创新思维、发散思维和良好的心理素质，以实现人的现代化。因此，对于青年学生社会主义核心价值观培育的评价必须凸显其主体性、个性化，同时还需要从教育目标和价值取向上实现层次性与多样性相结合、阶段性与全面性相统一，使之成为一个有机整体，从而形成科学完整的体系。唯有如此，方能更加有效地推进学校的素质教育，从而促进人的全面发展。

1.加强对师资队伍的评价

在全新的教育模式下，教育者和受教育者之间的关系发生了改变，从传统的单向灌输变为师生间的双向交流互动，实现了“主体客体化”和“客体主体化”。为确保青年学生社会主义核心价值观培育的顺利进行，必须建立一支高素质的师资队伍，其中的教职员工应具备较高的政治和道德素养，同时还需掌握充足的专业知识和拥有良好的身体素质；教职员工必须道德高尚、言行一致，可以在青年学生面前发挥良好的榜样作用。高校在构建自身的师资队伍时，应该充分考虑自身的实际情况，保证队伍结构的合理性，保证队伍中有经验丰富的思想政治教育专家，同时有年轻、有活力的中青年骨干，还要有精力旺盛、思维敏捷的后备军；既要保证队伍中有专职人员，也要保证有一定比例的兼职人员，要让师资队伍形成一张广阔的教育网，进而扎根于青年学生群体中。在开展青年学生社会主义核心价值观培育工作时，必须给予辅导员或班主任充分的重视，发挥他们的力量，要重点考察他们是否切实履行了自己的工作职责。

2.加强对受教育者的评价

社会主义核心价值观培育的对象是当代青年学生，要检验教育效果，应该通过观察青年学生得出结果，青年学生的思想观念和行为习惯等可以反映教育的实际效果。因此，对青年学生社会主义核心价值观培育效果进行评价时必须对青年学生的综合素质进行评价，要将其作为青年学生社会主义核心价值观培育评价指标的核心。评价青年学生的思想道德水平，首先应该考察青年学生对思想政治理论知识的理解和掌握程度，也就是要考察当代青年学生对世界观、人生观、价值观以及社会主义、集体主义、爱国主义等思想观念的认识、领会和掌握；其次要考察青年学生的行为习惯，这主要是指他们在学习和生活中表现出来的道德行为，爱国热情、学习态度、做人准则、文明礼貌等都可以反映青年学生的道德水平。具体来说，可以将青年学生的道德表现分为其参与各种集体活动的态度和作为、思政理论课及其他专业课程的出勤情况、课外科技活动参与情况、课外文艺体育活动参与情况等。青年学生之间应该进行道德行为和道德观念的互评，按照自己观察的结果给予相应的评价。学生之间相处的时间较长，对彼此了解程度较深，因此可以对彼此做出比较全面、具有概括性的德育评价，同时学生参与教育评价还可以有效提升青年学生社会主义核心价值观培育评价工作的参与性、民主性、公平性。

3.加强对教育实施过程的评价

想要对青年学生社会主义核心价值观培育进行评价，就必须对其过程进行评价。一般来说，该过程可以分为以下几个方面。第一，对院系工作规划、计划的评价。要从院系的层面进行考察，检查院系的社会主义核心价值观教育规划和计划是否符合系统工程的指导思想，是否与上级制定的规划、计划总体保持一致；要检查院系制定的规划和计划是否具有可实施性，是否可以将责任具体落实到个人。第二，对于教育活动的效果进行评估。对于教育活动的审视主要聚焦于对社会实践活动的审视，包括但不限于社会调查、志愿活动和生产劳动等方面，以考察青年学生在社会主义核心价值观培育过程中所参与的社会实践活动是否具有积极向上的内容和丰富多彩的形式。第三，对具体执行过程进行评估。青年学生社会主义核心价值观培育活动的重点在于其过程，因此必须加强对教育过程的评价。青年学生社会主义核心价值观培育活动是由多个环节组成的，因此要考察这些步骤和环节的连接情况，检查这一连接是否科学合理；要考察青年学生社会主义核心价值观培育活动的进程是否符合青年学生的思想变化规律和教育发展规律等。

第三节　当代青年社会主义核心价值观培育的路径创新

一、文化育人

社会主义核心价值观教育与文化之间有着紧密的“天然”联系。要以不同的文化载体形式对青年学生的思想进行更深层次的引导和教育，使他们抵制封建的、没落的价值观和西方个人主义价值观，在“认识—实践—再认识”的循环中，达到使青年学生认可社会主义核心价值观的目的，进而达到人的全面发展的最终目的。中华优秀传统文化载体是一种包容性、渗透性很强的载体，可以对青年学生社会主义核心价值观进行全面的包容、渗透，并且对教育方法和途径有着深刻的影响。中华优秀传统文化既发人深省，又能对当代青年进行社会主义核心价值观培育起到深远的作用。社会主义核心价值观教育的文化路径目标之一就在于，运用文化使青年学生树立崇高的理想信念、追求高尚的道德情操、激发强烈的道德情感、培养坚定的意志品质、养成良好的行为习惯，使之成为有理想、有道德、有文化、有纪律的社会主义新人。

（一）开展家国情怀教育

“天下兴亡，匹夫有责”，彰显了人民对国家的责任与义务，彰显了国民的爱国情怀和以天下为己任的广博胸怀。家国情怀是一种民族情感体验。一个人对自己的祖国和人民所表现出的深情大爱，是对国家繁荣昌盛、人民幸福安康的崇高追求，这就是所谓的家国情怀。它是一种高尚的情操，是对国家的高度认同感、归属感、责任感和使命感的体现。

（二）开展社会关怀教育

“仁爱共济，立己达人”阐述的是“仁者爱人”的社会关怀精神。儒家“仁者爱人”的思想，不仅体现在爱的对象上，既要爱自己的骨肉亲人，也要爱没有任何血缘关系的他人；而且体现为关心他人、帮助他人、善于为他人着想。“社会关怀”就是在思想政治教育中，对个人的社会情绪、需要和行为进行关注，对社会现状和个人将来的发展进行思考，从而促进个人的精神建设和人的全面而自由的发展。

（三）开展人格修养教育

修养是指人们在思想、道德、知识技能等多个方面，通过不断勤奋学习和刻苦磨炼，提升自身的综合素质和能力水平。提升修养是个人通过自己的实践活动不断地认识世界、改造世界，从而获得全面发展的过程。人格是一种相对稳定的心理特征，它可在不同的环境中表现出来，对人的外显和内隐行为产生影响，是一个人与他人区别的明显的标志。

唯有怀揣着宏伟的梦想并具有不屈不挠的毅力，方能肩负起社会重任。青年学生作为国家建设的重要力量，其理想信念对整个民族有着深远而广泛的影响。在对青年学生进行社会主义核心价值观教育的过程中，要注意对青年学生自身文化素养与自身素质的相互联系进行探讨。强化对青年学生进行中华优秀传统文化教育，在引导青年学生更全面、准确地了解中华民族的历史传承、文化积淀，以及培养他们的爱国情怀和人格修养等方面，具有极其重要和深远的历史意义。

综上所述，这三种教育都与中华优秀传统文化相吻合，都与社会主义核心价值观相吻合，都是将弘扬中华优秀传统文化、践行社会主义核心价值观有机结合的切入点，所以，我们要把社会主义核心价值观与我们的历史、文化紧密联系起来，把我们所面临的问题、所要做的事情都融入中国特色社会主义的伟大实践中去，也融入我们的中国梦的实现中去；要善于把弘扬中华优秀传统文化和发展时代文化有机统一起来，在继承中发展，在发展中继承。在传承过程中，要坚持知行合一，要将社会主义核心价值观同人民的日常生活密切结合，将其具体化、形象化、生活化，让每一个人都能感受到它、体会到它。要通过对中华优秀传统文化的继承与创新，让青少年对社会主义核心价值观有更深层次的认识，使其成为他们的精神追求，并将其表现出来。

二、课堂育人

（一）社会主义核心价值观教育的第一课堂及第二课堂概述

1.第一课堂概述

社会主义核心价值观教育直指教育的本质，因此它有别于其他学科、专业的教育，其教育过程具有较强的延续性和深入性，是其他学科或专业所无法比拟的，它可以直接或间接地对每个学校、每个学生和社会中的每个人产生影响。社会主义核心价值观的课堂教育一般普遍被称作第一课堂，社会主义核心价值观教育内容属于青年学生思政理论课的范畴，社会主义核心价值观教育课程属于高校青年学生的必修课程，要求每一个学生必须学习相关的理论。关于社会主义核心价值观教育，在系统化的课堂教学中，教师可以指导学生对我国国情、社会主义建设的客观规律进行正确的认识，对历史人物和错综复杂的社会现象进行正确的理解和分析，进而使其提升自己的思想道德修养和精神境界，这是第一课堂。在第一课堂上，思想政治课教师通过系统化、精准化的方式，让青年学生对社会主义核心价值观的精神实质和科学体系有更深层次的理解。思想政治课教师要致力于提升青年学生对社会主义核心价值观的认知水平，使其内化于学生内心深处，以实现实践目标。思想政治教育工作者要对青年学生的思想观念有深刻的认识，要积极了解青年学生的文化生活，体会年轻人的交往、学习、生活方式，准确地把握住年轻人的思维特点和心理特点，用更接近于年轻人的语言形式，吸引年轻人的注意力，使其对教育内容感兴趣，从而进行有针对性的教师和学生之间的对话交流，提高他们对社会主义核心价值观的认同感。

第一课堂所教授的是理论性知识，不能满足学生的全部实际需要。单纯以第一课堂的形式来促进对学生的社会主义核心价值观教育，在理论与实践的结合、学生的自发参与等方面还存在着不足。

2.第二课堂概述

第二课堂是在课余时间进行的，它要与第一课堂的教学相结合，通过学生的实际操作来验证学生对知识的理解。第二课堂的开放性、自主性、多样性和与学生联系密切是其基本特征。在进行社会主义核心价值教育时，教师要改变“我讲你听”的一言堂模式，要运用问答、对话、汇报等形式激发学生学习的积极主动性。第一课堂在时间、空间和教学方式等方面存在的不足，也制约着第二课堂理论教学的进一步深入和巩固。对第一课堂来说，第二课堂组织的活动是一种具有素质教育内涵的学习实践活动，也就是学生在教学计划规定课程之外自愿参加、有组织进行的各类活动。第二课堂不仅能对课堂教学起到补充作用和实践作用，它还可以满足其他教育的需要，尤其是在当前教育中，以人为本的教育理念被持续贯彻的情况下，第二课堂已经变成一种让青年学生进行全面发展的学校教育，这是一种必不可少的方式。第二课堂是我们抽象出来的具有价值观教育功能的那部分有效途径，如社会实践、校园文化活动、心理健康教育、党团组织建设、班级社团活动等都是价值观教育第二课堂的表现形式，是青年学生进行自我教育、自我管理、自我服务的组织载体，这些不同于课堂教育的教育途径使青年学生发挥了自身的积极性和主动性，产生了社会主义核心价值观课堂教育所不能及的效果。第二课堂的主要领导者和实施者是高校辅导员，高校辅导员是学校许多工作的实施者，引领青年学生实施各项活动、学习各门课程。在青年学生进入学校之后，大学辅导员是与他们接触最多、关系最密切的一位教师，因此，辅导员应该充分利用自己工作的优势，更好地接近青年学生，并在观察青年学生生活、学习、人生观、世界观、价值观的过程中，及时地解决青年学生遇到的种种矛盾和困惑。在学校、学院各项工作的指导下，辅导员要充分发挥自己的优势，在班级中开展各种活动，最直接地对青年学生展开社会主义核心价值观教育。

（二）青年学生社会主义核心价值观教育中第一课堂育人路径

青年学生社会主义核心价值观教育是一个铸魂工程，为切实提高第一课堂教育效果、促进青年学生社会主义核心价值观教育的内化，高校必须从大学传统课堂教育这一平台的优点和不足出发，对其进行改进，并采取一些行之有效的措施，在对第一课堂教育的主要要素进行统筹考虑的同时，要将第一课堂作为各种教育路径的主干，让其他教育路径都以此为中心进行运作，还要对与第一课堂教育相关的教育路径进行有益的补充，从而构成主次分明、点面结合、优势互补的高效整合教育网络。

1.基本内容教材实用化转变

教材在教育教学中起着举足轻重的作用，它是教育教学的依据和前提。社会主义核心价值观的基本内容不能被“搬到”教室里，需要经过一段时间的转换，即被编入教材、教案中，包括基本原理、图案实例、音效效果、影视素材等，从而形成一套适用于教学的教材和教案。因为如果在这方面没有足够的准备，教学效果就不会很好。

2.提升师资素质

教师在课堂教学中起着组织者和领导者的作用，其自身素质在某种意义上决定了教学质量的优劣。这就要求教师要有良好的思想政治、品德素质。思想政治课教师要想让学生更好地接受马克思主义、坚定中国特色社会主义道路、树立正确的政治观和价值观，都离不开他们自己的正确的政治立场，也离不开他们对世界的科学认识。教师有了良好的行为习惯，才能做好榜样，起到带头作用。

3.激发青年学生的兴趣

个体对自身存在的认知和实践活动的评估构成了个体自我意识的核心。它能反映出个体对于自己的本质及与他人关系的理解，也就是个体对于自我生存意义及其价值实现所持有的一种态度。根据心理学家的研究，个体的自我认知水平在一定程度上决定了其自我认知、自我控制和自我管理的程度，从而对其发展水平产生重要影响。要想增强社会主义核心价值观的课堂教育成效，就必须要对思想政治教育理念进行严肃的探讨，把满足人的需求作为基本的要求，用理念的更新来推动教育内容、形式和方法的更新。教师要充分挖掘青年学生的内在潜力，充分发挥他们的主观能动性，重视他们的自我教育、自我完善、自我发展，这样才能取得理想的教育效果。

（三）青年学生社会主义核心价值观教育中第二课堂育人路径

1.科学设计第二课堂内容体系

第二课堂是大学教育的一个重要环节，是培养青年学生全面发展的重要组成部分，因此，必须对其进行系统的规划与管理。要构建出以学生为主体、以学校为统筹、以院系为中心、以专业为载体的第二课堂教育体系。

在大学期间，学生的思想观念和道德观念的发展都处于至关重要的阶段，因此，在思想政治与道德修养模块中，应将理想信念教育置于至高无上的地位，将爱国主义教育列为重点，将思想道德建设置于最根本的位置，将第二课堂活动的内容与现实、生活、学生紧密融合，并围绕“中国梦”开展党团组织活动、主题教育活动、业余党校团校活动，以及生成形势政策报告，引导学生将理论知识内化为自身的价值观念，外化为自身的实际行动，培养学生的政治信仰、道德修养和敬业精神；要充分发挥高校的智力优势和人才优势，建立社会实践与专业学习、服务社会、勤工助学、创新创业相结合的社会实践体系，可以以暑期“三下乡”志愿服务活动为载体，组织青年学生参加社会调查、生产劳动、志愿服务、公益活动、勤工助学等社会实践活动，使青年学生牢固社会主义核心价值观，在社会实践活动中受教育、长才干、做贡献。

身体与精神的协调发展是青年健康成长的基本保证。文化艺术活动可以提高青年学生的审美能力和人文素质。要加大对青年学生的文化素质的培养力度，开展文艺演出、素质大赛、体育竞赛、心理辅导等丰富多彩、健康有益的比赛和活动，将德育与智育、体育、美育有机地结合在一起，将教育融入文化活动之中，用弘扬高雅艺术的方式持续提升青年学生的审美素质。通过活动，学生能够感受和体验社会，进而在实践中充分地展现社会主义核心价值观。在大学的第二课堂中，社团活动对学生的自我教育、自我管理和自我服务起着十分重要的作用。社团活动要在学校人才培养全局的视野下，明确社团工作的定位及其第二课堂的属性，要着眼于学生“内在潜力的挖掘和永恒的综合素质塑造”，鼓励青年学生积极开展形式多样、丰富多彩、个性十足的社团活动，包括指导学生成立、管理、参与社团活动，指导学生担任学生干部、学生工作助理等工作，让学生更为自主地培育和践行社会主义核心价值观。

2.拓展延伸第二课堂教育空间

首先，积极争取社会支持。要积极与当地领导进行联系，使学生能够获得更多的社会教育资源。在这一领域比较具有代表性的例子是：湖北省于1992年首开先河，实行省领导联系高校的制度，该制度要求每位领导联系一所高校，每年向教师和学生做若干次情况汇报，不定期与学生面对面交流、宣传政策，解答学生关注的热点问题。国家许多领导都来过大学和同学们交流过，有了省级领导带头，其他大学的校长和专家们也都纷纷响应。目前，湖北已有多所大学先后建立了形势报告员制度和形势报告领导专家数据库，为全省大学的情报员工作提供了有益的参考。

其次，开辟校外活动基地。要积极发掘爱国主义教育的资源，在学校外建立第二课堂。第二课堂教学是一种以活动为主的教学模式，其实施离不开校外活动基地的支持。每一所大学所在的区域内都存在着丰富的爱国主义教育资源。各所大学在对学生进行教育的过程中，都有着自己独特的优点，相对来说，学校和校外活动基地的地理位置越接近，学校所花的时间和资金也越少，同时它们熟悉的人脉也越多，因此它们之间的联系和活动也越加方便快捷。

最后，开拓第二课堂活动空间。要加强企业、学校等方面的合作，拓展学生在第二课堂中的活动空间。大学应加强与著名企业、用人单位的联系，为青年学生提供实习的机会，以提高他们的就业能力，这也有利于企业进行人才的选拔，减少员工的招募成本，降低公司的运营风险。在此基础上，要对学生进行就业指导，使其具有创业、创新、勤奋的素质，使其能更好地把学习到的理论知识应用到实际工作中。另外，高校也要加强与社区及有关组织的联系，社区及相关组织的许多工作也需要青年学生的参与。年轻的学生要运用他们所学到的知识来为社会服务。通过与社区居民的交流，他们可以更好地理解社会，感受民情，了解国家的国情，从而提高自身使命感和责任感，同时还能培养自身对劳动人民的情感。

三、网络育人

（一）建立理论宣传网站

首先，对青年学生进行社会主义核心价值观教育，必须坚持以马克思主义为指导，着力塑造网站的精神内涵。要以马克思主义的最新理论和实践在中国的成就作为指引，努力建设一个具有社会主义和谐网络文化特色的专题网站，在与社会主义和谐社会建设的总体目标相结合的前提下，突出马克思主义在网站建设中的指向性。在网页的展示上要分设一个栏目，对马克思列宁主义、毛泽东思想、中国特色社会主义理论体系进行全面的阐释，同时要保证理论的连续性、继承性和原创性。要重点突出当代马克思主义，特别是要对党的十八大以来出现的新理论、新思想进行系统展示，引导人民群众深刻领悟习近平总书记的系列讲话精神和治国理政方针，坚定社会主义道路自信、理论自信、制度自信和文化自信。

其次，网络宣传的核心内容应当聚焦于弘扬中国特色社会主义共同理想、民族精神和时代精神，要以此为重点，突出青年学生社会主义核心价值观教育。一方面，必须在网站上凸显社会主义核心价值体系的内涵和社会主义核心价值观的本质特征，系统阐述它们的深刻内涵和逻辑辩证关系，从内涵到外延，全方位讲解，突出网站宣传主题。另一方面，在社会主义核心价值观建设和社会主义核心价值体系理论网站宣传中，必须积极弘扬社会主义民族精神、时代精神和中国特色社会主义共同理想，坚定青年学生的社会主义方向，提高他们的民族责任感和社会凝聚力，这是不可或缺的核心内容。同时，为了充分发挥典型先锋在社会主义核心价值观教育中的引领标杆作用，需要开设典型事迹栏目，以宣传那些践行社会主义核心价值观的先进事迹、模范人物以及具有巨大影响力的历史事件，如感动中国人物、最美人民教师、最美天使等。

（二）创建网络教育平台

当前，各种网络互动平台给用户带来了丰富多彩的互动体验。在大学中，要通过各种网络交互手段来进行社会主义核心价值观培育，学生的社交圈子要不断拓展，领导和部门、师生和学生之间的沟通要加强。高校要积极地拓展对社会主义核心价值观的宣传面，提升对社会主义核心价值观的宣传效果。同时，为了提高社会主义核心价值观的学习效果，需要充分利用各种新媒体交互平台的优势，以达到更高层次的学习成果。这些新型网络互动平台可以有效扩大宣传覆盖面，丰富校园文化活动形式。高校要利用各社交媒体平台发布各种与社会主义核心价值观相关的社会热点和时事评论，以促进信息交流和互动；要利用对等网络和远程登录等信息交互平台，积极推广关于社会主义核心价值观的网络文化资源，以促进其广泛传播；要利用公共网络交流平台展开一系列探讨社会主义核心价值观的主题活动。

（三）规范网络管理制度

首先，高等教育机构应当建立完善的网络教育管理机制，确保教育责任得到切实落实。在当前社会中，青年学生已经成为网民群体中不可忽视的一部分，他们对国家、民族的未来有着举足轻重的影响，因此，高校应该把网络教育纳入日常教学中来。网络教育需要长期运行和更新，如何对其进行有效的管理与应用是目前迫切需要解决的问题。高校有关部门要抓住这次网络教育的机会对自己的职责和任务进行明确，对已经建设好的网络教育基地进行持续维护和发展，从而真正占据进行社会主义核心价值观教育的网络阵地。在此基础上，要进一步完善与发展我国高校网络教学模式，使其具有较大的发展空间。我们要加大对网络教育的研究与创新力度，让它起到引领作用，给教育者提供一条对青年学生进行社会主义核心价值观教育的思路与途径，使其更好地把社会主义核心价值观传达给青年学生，使青年学生的思想意识与政治素质得到提升。

其次，要构建一套科学而有效的新媒体教育评估机制，以提升教学品质。网络教育的核心在于确保和提升教学品质，这也是决定网络教育是否能够作为一种价值观教育方式的关键所在。在构建社会主义核心价值体系教育教学质量评价指标体系时，应该坚持以人为本原则，体现人文关怀理念，兼顾学生发展需求，注重实践能力培养。在新媒体环境下，要从根本上提高课程的内涵层次和品牌价值，进而从根本上提高课程的质量。同时，为确保社会主义核心价值观教育的规范化和科学化，必须建立一套完善的评估体系，并加强对教师教学的监督，以推动教育质量的不断提升。要建立一种以自我诊断、自我发展和自我完善为核心的教育教学模式，实现教育与教学体制的变革。

四、实践育人

（一）实践使青年学生理想与现实、理论与实践得到统一

青年学生的理想与现实、理论与实践的统一，以及人的思想形成发展和检验

人的思想正确与否，都离不开实践这座重要的桥梁，同时这也是社会主义核心价值观教育培养人的主体性和教育主体素质提升的根本路径。此外，要加强网络教育师资队伍建设，培养高素质教师队伍。为了实现思想政治教育，必须有能够运用实践力量的人，因为思想本身并不能转化为实际成果。只有通过社会实践，青年学生才能真正认识自我存在的意义，才能实现主体素质的提升。高校要开发、利用好青年学生的社会实践，将理想教育、价值观教育、情感教育等注入实践环节中，从而使青年学生核心价值观教育入耳入心。

首先，要调动主体自主参与实践的自觉性。在实践教育中，教师要引导学生开展有意义的活动，帮助学生自主建构与其心智发展相适应的核心价值观，提升学生的内在品质，教师还要积极主动地帮助学生拓宽实践的渠道和途径，将践行社会主义核心价值观作为实践的主要目标。实践教育是一种自我教育形式，实践教育的开展离不开学生的主动参与。学生主体对实践教育的认识程度、参与实践的自觉性等都决定了青年学生核心价值观教育时效性的高低。其次，提高主体自主参与实践的目的性。在实践活动中，主体除了受到学校的影响外，还会受到家庭和社会的多因素影响，他们在学校获得的知识和道德体验在实践中可能会产生困惑甚至遇到挫折。社会实践不是自发的，为此，要充分发挥教师在实践中的领导作用，突出实践的目标，并对实践过程加以合理的控制与设计，这样才能使实习的对象符合不同的要求，才能达到较好的教学效果。学生主体也要正确认识实践的作用和意义，根据个人的成长需求和能力需求有目的地选取实践形式和内容，让实践活动有针对性、效果明显。最后，要提高主体自主参与实践的人文性。人类在实践活动中只有做到既遵循真理尺度，又遵循价值尺度，才能保证实践的顺利进行。但是在实践过程中，人们对真理和价值的把握并不一定合理。亚里士多德认为，德行是与感情、实践相联系的，实践与伦理道德以及个人生存的意义存在着千丝万缕的联系，它基于实践与人、道德的紧密联系，在对象性超越实践中实现自我超越。社会实践是教育的一种形式与途径。实践是提高主体素质的有效教育途径，应有一个循序渐进的过程。人文精神是一种实践精神，它以人类利益与发展为全部认识与实践起点，并把人的情感、情绪、意识以及其他一些非理性的东西集中起来，对其进行激发，使之体现出人的本性。社会实践作为提升青年学生核心价值观教育主体素质的根本途径，务必要基于人的教育，为了人的教育。

社会实践一方面要同现实世界、社会发展相结合，另一方面要考察学生的心理需要和学生的实际状况。

（二）打造专业实践平台

青年学生在不断学习专业理论知识的过程中，也需要提高自身专业实践能力，高校应多开展专业实践活动，不断使学生的实践能力得到提升，为了打造专业实践平台，必须以学生所学专业为基础，注重在校内和校外进行专业实践，强调培养学生的专业实际应用能力。因此，在构建专业实践平台时，要突出实践性，把学生的专业实践活动纳入学校教学计划中去实施。为了确保勤工助学的顺利进行，要进行以下几点：必须根据学生的专业实际情况，精心规划勤工助学的岗位，建立良好的管理制度，使勤工助学活动有章可循、有规可循。开展勤工助学是加强对学生的劳动观点教育和劳动技能训练，提高教育质量，培养全面发展的社会主义一代新人的重要途径之一，也是促进教育结构、教育制度改革，发展我国教育事业的一个有效措施。要从学校出发，积极组织实施勤工助学，形成良好的运行机制。因此，勤工助学的首要使命在于为教育事业提供支持，并始终坚持以培养人才为核心。在设置勤工助学岗位时，一定要以学生的专业实际为基础，如根据不同的专业，有针对性地设置专业性、管理性、技术性、事务性、服务性等岗位，这样才能更好地实现提升学生的专业实际应用能力这一目标。此外，要在充分尊重学生意愿的基础上，以研究性学习为基础。要发挥研究生在思想、实践、就业、科研、学习、心理等方面的优势，引领本科生共同成长。因此，高校可以开展“研本 1+1”顶岗实习锻炼活动和组建以专业为依托的公益社团。第一，搞好“研本 1+1”顶岗实习锻炼实践活动。共建引领平台，在思想建设上促进研究生与本科生共同进步。第二，打造岗位引领平台，在实践中促进研本共同提高。第三，建立以专业化为基础的社会公益组织。要与自己的专业密切结合起来，充分利用自己的专业优势，建立起一个公益社团，这样可以让所进行的公益实践活动变得更加有效，也可以让公益社团更加具有针对性。要增强与其他大学公益社团之间的交流与互动，学习他们优秀的经验，从而推动本校公益社团的健康发展。要强化与社会公益社团之间的联系，吸取他们的优点，弥补他们的不足，从而更好地提高校园公益社团的水平，让公益社团可以长期发展下去。

（三）加强社会主义核心价值观教育实践教学环节

对青年学生进行社会主义核心价值观教育，是培养青年学生价值观、提升青年学生道德素质的重要途径。社会主义核心价值观具有强烈的思想性、实践性、科学性，为此，在大学里，应注重课堂内外的实践性教学。

第一，加强思想政治理论课课内实践教学。要在学校、学院、班级、课题小组等多个层面上，以宣讲会、座谈会、专题讲座、专题研讨等形式，进一步加深学生对社会主义核心价值观的理解，并在此过程中获得实践的价值。

第二，加强思想政治理论课课外实践教学。社会主义核心价值观教育要以提高素质、培养能力为主的实践教学，以服务社会为主的实践教学，以思想教育为主的实践教学为重点，加强课外实践教学环节。在实践教学中，应该以思想政治教育为主，要在结合学生实际基础上，开展更多的以思想教育为主的校外实践教学，并将其与课程内容相结合，利用一些重要的纪念活动，如“学雷锋月”，使学生有切身的体会，培养他们艰苦奋斗和勤俭节约等品质；进行思想政治理论课课外实践教学，其目的是为社会服务。

参考文献

[1] 赵仕民，胡仲胜．社会主义核心价值观［M］．重庆：重庆大学出版社，2015.

[2] 陈松青．文化视域下的社会主义核心价值观培育和践行［M］．北京：光明日报出版社，2022.

[3] 朱莉. 先秦儒家思想与社会主义核心价值观［M］. 青岛：中国海洋大学出版社，2021.

[4] 刘玉红，王莉，王凤环．社会主义核心价值观教程［M］．沈阳：辽宁大学出版社，2019.

[5] 徐斌. 社会主义核心价值观培育与认同机制研究［M］. 广州：广东经济出版社，2019.

[6] 周颖．新时代大学生社会主义核心价值观培育创新研究［M］．北京：中国书籍出版社，2019.

[7] 唐检云．研究生社会主义核心价值观培育研究［M］．湘潭：湘潭大学出版社，2016.

[8] 常丹．基于校园文化建设的大学生社会主义核心价值观培育研究［M］．长春：吉林人民出版社，2016.

[9] 王迎新．大众文化视野下大学生社会主义核心价值观教育研究［M］．长春：吉林大学出版社，2020.

[10] 徐园媛．大学生社会主义核心价值观教育“四位一体”课程实施路径研究［M］．成都：电子科技大学出版社，2020.

[11] 邓卓明，张娟．大学生社会主义核心价值观培养研究［J］．学校党建与思想教育，2023（5）：87–90.

[12] 王树荫，杨文．新时代青年教育的理论指引和原则遵循［J］．思想理论教育导刊，2023（2）：128–136.

[13] 杨源．习近平青年教育观的鲜明特色［J］．湖北师范大学学报（哲学社会科学版），2022，42（5）：1–6．

[14] 赵本纲．新时代青年学生价值观培养的历史考查［J］．承德石油高等专科学校学报，2021，23（2）：91–94．

[15] 梁英，王文．新时代青年教育理论的逻辑理路研究［J］．广西青年干部学院学报，2021，31（2）：1–5．

[16] 王倩．高校青年社会主义核心价值观培育现状与对策研究［J］．创新创业理论研究与实践，2019，2（7）：141–142．

[17] 杨少情．新时代优秀传统文化对培养青年社会主义核心价值观的重要性［J］．高教学刊，2019（4）：182–184．

[18] 王琦，巩彦博．自媒体时代培育青年核心价值观长效机制探究［J］．广东青年职业学院学报，2018，32（2）：53–57．

[19] 张弛．高校学生组织践行社会主义核心价值观研究［J］．大连大学学报，2017，38（3）：141–144．

[20] 沈艳萍．当代青年培养与践行社会主义核心价值观的思考［J］．东方企业文化，2015（2）：193．

[21] 杨醒思．习近平青年价值观重要论述研究［D］．延安：延安大学，2022．

[22] 丁丽春．甘肃红色文化融入大学生社会主义核心价值观培育路径研究［D］．兰州：兰州财经大学，2023．

[23] 李敬．大学生社会主义核心价值观培育的校园文化路径研究［D］．长春：东北师范大学，2023．

[24] 王越．社会主义核心价值观培育的文艺载体研究［D］．武汉：湖北大学，2023．

[25] 高严．社会主义核心价值观视域下当代大学生社会责任感培养研究［D］．长春：长春工业大学，2021．

[26] 蒋艳．新时代大学生社会主义核心价值观教育模式建构研究［D］．北京：中国矿业大学，2020．

[27] 杨菁菁．新媒体视域下新疆高校大学生社会主义核心价值观认同研究［D］．乌鲁木齐：新疆大学，2019．

[28] 王华虎. 网络媒体环境下大学生社会主义核心价值观培养研究［D］. 太原：太原理工大学，2018.

[29] 王玮. “微时代”大学生社会主义核心价值观培育路径研究［D］. 新乡：新乡医学院，2018.

[30] 闫宇静. 当代大学生友善价值观培养方式的研究［D］. 锦州：辽宁工业大学，2017.